AF247725

R
1966

D

D

De
I
e

Par
c

Che

8

DÉTAILS

DE LA METHODE MÉCANIQUE

D'ÉDUCATION NATIONALE,

DOMESTIQUE ET POPULAIRE;

Mis sous les auspices

De Monsieur le Conseiller - d'État FOURCROI,
Directeur général de l'instruction publique,
et de Messieurs de l'Institut national.

Par *Joseph - Alexandre - Victor* D'HUPAY,
citoyen d'Aix, Dép.ᵗ des Bouches - du - Rhône.

» Où trouver pour vos enfans un séjour plus
agréable que la patrie ? Où former leurs
mœurs plus sûrement que sous les yeux de
leurs parens ? Où les entretenir à moindres
frais que chez vous ?

Lett. de Pline, L. IV, Let. 13.

A AIX,

Chez CALMEN, Imprimeur, rue Plate-Forme.

Ce 15 juin 1807.

8º R
3966

THÉORÈME.

» Si l'on peut inventer une situation où tous les besoins naturels de l'homme se montrent d'une manière sensible à l'esprit d'un enfant, et où les moyens de pourvoir à ces mêmes besoins, se développent successivement avec la même facilité, c'est par la peinture vive de cet état qu'il faut donner le premier exercice à son imagination ».

Émile, T. II.

NACIMIENTE FRANÇAIS

DE L'HOMME. (*)

AU PREMIER YNCA

DE NOTRE HEMISPHERE,

Pere des enfans, Roi des hommes et Frere des Rois.

Qui, par la faveur du Ciel, peut procurer bientôt à toutes les Nations de la terre cette Méthode Mécanique d'Education, pour les préserver à jamais de se dégoûter de la doctrine de la sagesse, de l'humanité et de la piété; ce que ne peuvent opérer les meilleures lois, sans celles d'une éducation domestique et populaire.

(*) *VI.e Classe, pag.* 35.

[illegible]

A SA MAJESTÉ

L'EMPEREUR ET ROI

NAPOLÉON LE GRAND.

> Comment former le caractère national ?
> Par des jeux d'enfants, répond le
> grand Homme.
>
> MIRABEAU, *Lettr. orig. sur les Réfl.*
> *de J.J. R. touchant la Réf. de la Pologne.*

SIRE,

La sollicitude paternelle de Votre
Majesté à former un corps enseignant
propre à perfectionner les maîtres de

l'instruction publique, et l'espoir que lui témoigne l'Institut national dans son rapport sur l'état des sciences, que Votre Majesté pourra donner des ordres sur l'amélioration du plan d'instruction publique, prouvent également la nécessité d'une méthode plus sensible pour des êtres qui n'ont encore que des sens, et qui dérive mieux des principes de l'immortel auteur du livre De l'Education, dont le premier de tous est que cette méthode soit conforme à l'instinct des enfans et des hommes pour l'imitation, première loi de la nature. Le Créateur a gravé cette loi dans chacun de nous, afin que nous nous instruisions par nous-mêmes, de la manière la plus infaillible, des arts qui nous sont utiles, et que nous les perfectionnions encore : c'est aussi pour cela que Dieu a voulu, comme le prescrit l'oracle de l'institution humaine que, dans les premières opérations de l'esprit, les sens fussent toujours ses guides. Point d'autre instruction, dit-il, que les faits ; mettez toutes vos leçons en exemples, et soyez sûrs de leur effet. Il faut parler, tant qu'on peut, par les actions, et ne dira que ce qu'on ne sauroit faire. Les choses, les choses, ajoute-t-il !

Le célèbre Basedow approcha, Sire, de cette méthode dans son cours d'instruction par estampes, généralement suivie en Allemagne ; mais Mirabeau, qui l'exalte dans son Histoire de la monarchie prussienne, fut ravi lorsque je lui montrai mon plan, dans lequel je ne me contente pas de mettre seulement des mots, ni même des figures à la place des choses ; mais où je rends l'élève acteur dans ces opérations des arts, que les tableaux de Basedow ne font que représenter. Je lui apprends à les imiter par des instrumens et des machines si propres à l'instruction, qu'ils en facilitent tous les procédés, sans autres maîtres que l'instinct favorisé de l'imitation, et ensuite l'étude, dans les livres élémentaires ; par le seul goût acquis au moyen de cette imitation agréable.

VOTRE MAJESTÉ remarquera que ce cours d'éducation individuelle et populaire n'est que préparatoire, si l'on veut ; mais qu'il se termine à l'âge de douze ans, où on a coutume de

commencer l'éducation pédagogique ;
c'est-à-dire, quand le cœur et l'esprit
devroient être formés par ces moyens
les plus naturels, qui donneroient la
plus grande disposition-à écouter les
plus habiles professeurs, et à devenir
les plus grands hommes. » Les progrès
des enfans sont si lents, dit l'Esprit des
cayers présentés aux États-généraux
de l'an 1789, article Éducation domestique, parce qu'on n'a pas assez
préparé leur esprit, assez ouvert leur
intelligence, assez exercé leur mémoire
par une éducation préliminaire et faite
pour l'enfance ». Voilà, Sire, comment
je mets en pratique ce précepte d'institution de J. J. R. dans ses Réflexions
sur la réforme de la Pologne. » Par où
donc émouvoir les cœurs et faire aimer
la patrie et ses lois ? L'oserai-je dire ?
par des jeux d'enfans, par des institutions oiseuses aux yeux des hommes
superficiels ; mais qui forment des habitudes chéries et des attachemens invincibles ».

Par ces jeux ingénieux des enfans,
dans une imitation naïve de la pratique
des arts, que j'ai mis à la portée de

la direction des mères, je crée entr'eux
et elles, les frères et les sœurs ; leurs
oncles et leurs tantes, un nouveau com-
merce aussi avantageux en commun
pour leur esprit que pour leurs cœurs.
Je délivre par là les familles d'une
monotonie silencieuse et d'une fatale
indifférence entre des êtres qui doivent
s'être si chers et si nécessaires, lesquels
le seroient bien davantage encore par
une culture agréable, uniforme et commune de leurs facultés intellectuelles
et sentimentales. Combien les citoyens
de tous les états ne resserreroient pas
leur sociabilité par un moyen si inno-
cent et si simple !

Des gens du monde ont cru que
j'appellois mal-à-propos ces imitations
puériles des arts, Éducation par jeux,
parce qu'ils n'ont jamais connu ceux
des enfans de la nature, excepté ceux
et les joujoux qui ont formé leurs nullité
et leurs vices, et par lesquels ils les
fomentent sans cesse.

Pour donner un spectacle de cette
méthode naturelle, esprit des jeux de
l'enfance, lequel en feroit mieux pres-
sentir les effets que le plus beau discours,

vj

j'ai voulu, comme Lycurgue dans le fameux exemple qu'il donna au peuple de Lacédémone de la force de l'éducation, outre un plan de ma Méthode Mécanique, dont j'avois eu l'honneur, Sire, de faire hommage à Votre Majesté, en l'an onze, et qu'elle daigna accepter, j'ai voulu, dis-je, former encore, il y a deux ans, un drame des exercices de cette méthode dans leur ordre successif, qui pût être représenté aux yeux de la nation assemblée à la fête des triomphes de Votre Majesté, dans un des portiques du cirque de l'industrie nationale, comme étant un art nouveau; l'art qui les rassemble tous, et l'industrie souveraine, capable de former le génie de l'homme. Une preuve de l'excellence de ma Méthode, c'est que s'adressant principalement aux divers sens, elle seroit également et singulièrement propre à l'éducation des sourds et des aveugles dépourvus des principaux sens de l'intelligence.

J'envoyai ce drame de l'apprentissage de la vie de l'homme, à Monsieur le Secrétaire d'État pour le présenter à Votre Majesté, afin qu'il lui agréât de l'admettre au concours des Inventions utiles. Puisque ce projet n'a pas eu lieu, on pourroit encore l'exécuter, et le multiplier même, avec une satisfaction plus générale pour la nation entière, par une mécanique qui rendroit le mouvement de tous les exercices de ma méthode, lesquels doivent faire en réalité le bonheur de l'enfance, et assurer celui de toute la vie de l'homme.

Ce spectacle d'automates feroit perpétuellement le charme des yeux et du cœur : il seroit le plus délicieux pour l'ame, parce qu'il offriroit celui de l'institution humaine. Il seroit un modèle universel national du premier art que chacun doit désormais pratiquer par une imitation exacte et immédiate, comme étant l'art formateur essentiel de la vie du citoyen, si inconnu jusques aujourd'hui, et parfaitement inouï.

Quoique toutes les pièces de ma méthode soient mécaniques et par conséquent agréables, celle néanmoins des buffets de leur représentation est imaginée pour inspirer l'amour de cette méthode d'instruction, et de l'éducation viij

en général à tout homme et à tout citoyen.

Mon intention, Sire, de faire naître dans chacun le goût si précieux de l'instruction, dont je fais un art populaire, fait que j'ose entretenir Votre Majesté en particulier de ce qui peut former l'esprit et les mœurs de chaque citoyen, et que je prends la liberté de lui dire; comme Dupradel au bon Roi Henri, en lui offrant son Théâtre d'agriculture, que je ne crois point lui déplaire en l'entretenant de ses propres affaires. D'ailleurs, je parle à un Roi patriarche, qui n'a pas seulement des sujets à former, mais encore une pépinière de jeunes rejetons de Rois qu'il a à élever dans la science de l'homme et de son savoir.

La figure de NAPOLÉON LE GRAND, couronné par la nature dans le berceau de lauriers et d'orangers du camp d'Ollioules, dont il est fait mention dans la première classe du plan actuel d'éducation, remplira dignement le centre du dernier tableau de la littérature, du plus haut et dernier plateau des deux colonnes en buffet , divisée chacune en cinq sections , chaque section offrant les exercices d'une classe de mon plan.

Ces colonnes , supérieures à celles d'Hermès , seront le nacimiente français de l'homme , naissant aux lumières et à toute sa dignité. La méthode d'éducation dont elles donneront le spectacle mouvant , assurent ces biens de l'homme à tous les francais , la plupart si malheureux aujourd'hui , pour être si légers , parce qu'ils ont plus d'esprit que toute autre nation , et à proportion trop peu de connoissances universelles , qui font seules l'homme parfait.

Mais le titre le plus doux auquel la nature ait pu couronner Votre Majesté Impériale et Royale dans cette scène prophétique de la plus grande gloire à laquelle ait jamais atteint un héros, sera pour avoir rétabli son vrai et unique sacerdoce, que permet seule ma méthode dans les fonctions naturelles de mères et d'institutrices, et, l'oserai-je, dire dans celle de coquettes , alors seulement permise, quoique généralement pratiquée aujourd'hui au mépris des mœurs et des lois actuelles , au trouble des familles

et des empires , bien que consacrée par
la nature et l'humanité , selon les cons-
titutions divines des deux sexes que
j'ai découvert le premier (*), et suivant
les principes de l'auteur de l'Emile et de
son projet de réforme de la Pologne ,
que j'ai heureusement mis en pratique
dans mon plan d'éducation , comme
m'en a flatté M. de Gérardin , l'hôte et
l'ami immortel de ce grand homme.

Puisque Votre Majesté aura bientôt
banni la guerre de l'Europe entière ,
et y aura établi cette paix perpétuelle ,
l'objet du plus grand des héros , je
transformerai le plateau de la littérature , le plus haut du théâtre de l'édu-

---

(*) On verra cette démonstration physique ,
morale , politique et pieuse dans la précédente
édition de ma Méthode mécanique qui a mérité
l'honneur d'être placée dans les bibliothèques de
Sa Majesté Impériale et Royale , et par décret dans
celle du Corps législatif. Je justifierai quelque
jour cette primitive institution de la nature par
l'exemple le plus saint et le plus vénéré du Christia-
nisme , comme je l'ai déjà justifiée par celui du
peuple le plus humain autrefois (les Anglois)
au rapport de César dans ses Commentaires ,
liv. v.

cation, sur lequel j'ai dit que je placerai
sa figure adorée, en un autre d'une
classe inconnue et très-supérieure à l'art
de bien dire, puisqu'elle est celle de
bien et heureusement vivre : ce sera
le tableau en relief de ma Ruche humaine, ou l'Abbaye de Thélème, dont la
règle et le plan sont comme les derniers
instrumens de ma Méthode Mécanique
d'Éducation, lesquels offrent l'état de
la vie domestique et sociale la plus
heureuse, fondée sur les vraies cons-
titutions de chaque sexe sur tous les
charmes de la société et les avantages
de son union. La statue de Votre Majesté y paroîtra sur un piédestal, au
milieu de l'un des deux côtés de la
place ronde d'exercices des enfans et
des hommes de cette maison, qui est
le modèle éternel de leur félicité,
ainsi que de celle des deux sexes et
du genre humain : cette vue sera la
dernière de mon théâtre d'éducation,
comme offrant son plus heureux résultat,
protégé par le héros que Dieu a envoyé pour le bonheur du monde.

Ma Méthode maternelle ou individuelle, domestique ou publique, propre

à tout âge même, est essentiellement
digne du titre que Votre Majesté a
donné au corps enseignant d'Université impériale, puisqu'elle embrasse
tous les individus de la nation, et qu'elle
est le résultat de la théorie de l'enseignement, comme la Basilique domestique et universelle, suite de mes élémens simples de religion, théologie de
la conscience, en seroit la pratique
la plus efficace.

L'effet de cette double instruction
seroit comparable à celui des Grains
de santé du digne et célèbre docteur
Franck, appellés grains de vie des ma-
lades et grains de mort des autres empi-
riques et des pharmaciens, parce qu'ils
sont préférables à tous leurs dégoûtans ou
redoutables purgatifs, et qu'ils réu-
nissent encore l'avantage d'une médecine
préservative ou conservatrice de la santé,
ces grains bienfaisants étant pris habituellement en moindre nombre que pour
maladie

On prend ce remède au milieu de
ses repas et sans en interrompre le
plaisir, non plus que ses occupations
de la journée. Il est comme ma mé-

thode, qui n'est autre qu'une récréation par le plaisir continuel de ces exercices corporels : elle aura l'avantage, comme les grains du docteur Franck, de revenir au meilleur marché pour l'État et les particuliers, ainsi que le pain que la Bonté divine a destiné à être l'aliment commun.

Moyennant ces trois bienfaits du Ciel, la généralité des citoyens, la plus malheureuse, ne seroit plus exposée à l'être par la rareté des institutions les plus salutaires pour l'éducation, et la santé de l'ame et du corps, qui ne semblent établies aujourd'hui que pour la portion de citoyens la plus fortunée, laquelle en abuse ou les méprise, etant en quelque façon méprisables, à faute de ce caractère d'utilité générale, basée sur le vénérable principe, que le salut du peuple est la suprême loi.

Ces intentions patriotiques et cosmopolites, que j'envoyai à Votre Majesté dans mon Alcoran républicain, au moment de son départ pour l'Égypte, furent accueillies avec acclamation en l'an 9 par le Grand Conseil Cisalpin, qui, surnommant mon ouvrage La phi-

losophie universelle, *nomma une com-
mission de cinq de ses membres pour
lui en faire le rapport, lequel fut
empêché par la dissolution de ce corps
de la part des ennemis des justes con-
quêtes de Votre Majesté.*

*Vous avez pu voir, Sire, que l'in-
fluence de ma Méthode diminueroit
infiniment le besoin malheureux des
anciennes trois facultés, et consé-
quemment de leur étude ; d'ailleurs ayant
fourni la vraie manière de l'instruction
par soi-même, elle suppléeroit aux
deux autres Facultés que vous avez
créés, y étant aussi bien préparé ; c'est
pourquoi je supplie Votre Majesté d'en
faire faire incessamment l'essai, s'il
est vrai que la science de l'éducation
doive être portée au point que même
les esprits médiocres soient capables
de la bien pratiquer : mais il falloit
pour cela la réduire en un art mécanique, parce que la mécanique est le
génie des arts, et la plus propre à en
inspirer le goût. En effet, ce qui frappe
les yeux, fait une plus vive impression
que ce qu'on entend dire, et encore mieux*

ce que le spectateur se représente à lui-même, comme dit Horace dans l'Art poétique.

Je rends grâces au Ciel d'être remis, après six mois, de la maladie qui me saisit au moment où fut imprimé cet ouvrage, comme je le dis dans son postscript; et je le suis au point de pouvoir faire exécuter par les ordres, et sous les auspices de Votre Majesté, dans peu de mois, un projet qui m'a coûté des années de méditation.

Qu'il seroit doux, Sire, et glorieux pour votre sujet, de partager dans ce travail l'attribut le plus auguste de votre puissance, d'éclairer les esprits et de leur commander, par là, le plus efficacement le bien. J'aurois triomphé de l'ignorance générale, le malheur de la société, et de l'horreur de l'instruction qui lui est bien plus funeste. Ma plus grande ambition, Sire, seroit de faire de tous les sujets de Votre Majesté, des émules de ses talens et de ses vertus, selon la glorieuse destinée des hommes, d'être les imitateurs de Dieu.

Par l'instruction générale, la Grande Nation que vous avez formée, seroit, Sire, vraiment digne de son nom et d'un roi fait pour servir de modèle à l'univers.

Je suis avec le plus profond respect,

SIRE,

DE VOTRE MAJESTÉ,

Le très-humble, très-obéissant, et très-fidelle Sujet et Serviteur,

D'HUPAY.

Lettre écrite un an après le postscrit de l'ouvrage.

DÉTAILS

DE LA MÉTHODE MÉCANIQUE

D'ÉDUCATION NATIONALE, DOMESTIQUE ET POPULAIRE,

Mis sous les auspices de M. le Conseiller-d'État FOURCROI, Directeur général de l'instruction publique, et de Messieurs de l'Institut national.

» Par où émouvoir les cœurs et faire aimer
» la patrie et ses lois ? L'oserai-je dire ?
» par des jeux d'enfans, par des institutions
» oiseuses aux yeux des hommes superficiels,
» mais qui forment des habitudes chéries et
» des attachemens invincibles ».

J. J. R. *Réflexions sur la Réf. de la Pologne.*

Messieurs,

Je pourrois très-bien rapporter au cours classique de ma Méthode Mécanique d'éducation nationale, ce que le jeune Victorin Fabre dit sur le fruit de la succession des voyages jusqu'aujourd'hui, dans son discours que vous venez de couronner :

Alors, le genre humain s'éclaire d'âge en âge ;
L'homme, inconnu long-temps, à l'homme est révélé.

(4)

Ma Méthode instruit à la fois tout le genre
humain de tous les âges, et d'âge en âge chaque
individu en particulier ; elle développe dans
l'homme toutes les facultés et les penchans virtuels
qu'elle lui révèle à lui-même, comme par inspiration ; elle réduit, au moyen de sa merveilleuse
facilité, la science de l'éducation et de l'instruction
en un art mécanique et populaire même, lequel,
par son universalité, son efficacité et sa facilité,
peut s'appeller l'art des arts ou la méthode par-
excellence de leur instruction.

En effet, les meilleures qualités de l'esprit et
du corps, les deux sujets de l'éducation, peuvent
être dans quatre ans, en tout lieu, le fruit de
ma Méthode Mécanique pour tous les citoyens
français d'un âge mûr. A douze ans, un enfant
sera doué par elle de tous les attributs d'une
personne parfaite : santé, talens, amour, force,
activité, vertu, piété, esprit, génie (1).

Tels, Messieurs, seront les fruits des documens
sensibles de ma Méthode, plus vrais ressorts de
sagesse pour la *Grande Nation* entière, que les
usages routiniers de morale, établis à la Chine,
et qui ne vont ni à l'esprit, ni au cœur.

Au contraire, ma Méthode une fois adoptée
en France, fera de tous ses élèves, de vrais
hommes, pensans et agissans de leur propre
fonds ; de sorte que la franchise française, en
esprit et en talens, sera dorénavant aussi re-
nommée que celle en sentiment, que nous pro-
fessons aujourd'hui avec plus de gloire que jamais,
sous le digne chef que le ciel nous a donné :
Virtus et honos.

Tels seront les principaux avantages d'une institution vraiment libérale qui, par sa méthode

libre et pratique, n'obligeant point les élèves à la dépendance des maîtres, conservera à leur esprit et à leur cœur le noble et pur caractère de l'ame, la liberté, l'élément des vertus et du génie.

C'est pourquoi le père de l'illustre Montaigne *desseigna* de lui faire apprendre, par usage, la langue latine, la seule scientifique de son temps, ayant été advisé, dit-il lui-même, que cette longueur que nous mettons à apprendre les langues des anciens Grecs et Romains, qui ne leur coûtoient rien, étoit la seule cause pourquoi nous ne pouvions arriver à la grandeur d'ame et de connoissance qui étoit en eux. Aussi son père l'envoya-t-il, dès le berceau, nourrir à un pauvre village des siens, et l'y tint autant qu'il fut en nourrice et encore au-delà, le dressant à la commune et plus basse façon de vivre, afin de l'accoutumer par la pratique à la frugalité et austérité même, sur-tout pour l'attacher par ce séjour, et l'obliger plutôt à ceux qui pouvoient avoir besoin de lui, qu'à ceux dont il pouvoit avoir besoin.

Quant au grec, il le lui fit apprendre par art, mais d'une voie nouvelle par forme desbat et d'exercice; car, entr'autres choses, il avoit été conseillé de lui faire goûter la science et le devoir par une volonté non forcée et de son propre désir, et d'élever son ame en toute douceur et liberté, sans rigueur et contrainte, à tel point, qu'il le faisoit éveiller par le son de quelqu'ins-trument.

Mais, comme ceux que presse un furieux désir de guérison, se laissent aller à toute sorte de conseil, le bon homme, ayant extrême peur de faillir en chose qu'il avoit tant à cœur, se laissa enfin emporter à l'opinion commune , qui suit toujours ceux qui vont devant, comme les grues ; et se rangea à la coutume, n'ayant plus autour de lui ceux qui lui avoient donné ces premières institutions, qu'il avoit apportées d'Italie ; envoyant son fils environ ses six ans au collège de Guyenne, très-florissant pour lors, et le meilleur de France. Et là il n'est pas possible de rien ajouter au soin qu'il eut, et à lui choisir des précepteurs de chambre - suffisants , et à toutes les autres circonstances de sa nourriture, en laquelle il réserva plusieurs façons particulières contre l'usage des collèges : MAIS TANT-Y-A, QUE C'ÉTOIT TOUJOURS COLLÈGE. Et ne lui servit cette sienne inaccoutumée institution, que le faire enjamber d'arrivée aux premières classes : car à treize ans qu'il sortit du collège, il avoit achevé son cours.

Voici, Messieurs, l'esquisse de celui d'éducation universelle et domestique que je vais tracer dans le même esprit des amis du père de Montaigne, et auquel je travaille le premier depuis bien long-temps, malgré sa simplicité, qui est de rendre les enfans à leurs jeux d'imitation des travaux des hommes, pour les rendre tels un jour, et de là des héros, comme celui de l'Odissée, qui ne fit tant de choses admirables pour retourner dans son palais, dont le divin Homère lui fait tant regretter la fumée du toit , au moment même où il est entouré des charmes de Circé, que parce qu'il lui a fait chérir, étant enfant, le jardin de ce palais, où son père lui avoit donné en propre quelques arbres. C'est ainsi que le grand Linnée s'empara de celui de l'univers, parce qu'au même âge, son père lui avoit remis pour ses plaisirs un petit coin du sien, et qu'un héros, le plus grand de tous, a reculé les bornes de son empire, que d'injustes agresseurs vouloient lui enlever, avec la même intrépidité qu'il repoussoit les usurpations de ses camarades dans son jardin particulier de l'Ecole Militaire.

PLAN DE CET OUVRAGE.

J'indiquerai premièrement *les soins de la nourrice*, qui ont tant d'influence sur la constitution du corps et de l'esprit.

J'exposerai en second lieu quels sont les premiers et les plus simples objets d'imitation pour les enfans de l'un et l'autre sexe, dont le goût leur est commun, aussi bien qu'à tous les âges, à cause de leur utilité générale et de leur agrément ; je veux parler de l'agriculture et du ménage, naïvement dénommés dans cette classe, *ménage d'enfant domestique et champêtre*, et pourtant disposé ici pour des personnes de tout âge.

En troisième lieu, j'exercerai les élèves aux ingénieux artifices des *métiers les plus usuels*, et dont pour cela la connoissance générale est si importante à un chacun, qu'elle leur est délicieuse à tout âge, et qu'on voit les gens de plus de goût en avoir un pour leur amusement.

J'occuperai, en quatrième lieu, les élèves des moyens de figurer les objets des arts qui leur sont déjà connus, de celui même de la parole et de son écriture ; de plus de la notion géométrique et pittoresque du globe. Telle sera la classe des *arts graphiques*. Elle leur fera con-

(8)

noître aussi l'écriture naturelle des nombres et celle aussi pittoresque des tons de musique.

Ce premier essor de l'esprit, quant à l'art d'écrire, est autant délectable pour l'enfance que pour une vieille ignorance : je brûle à soixante de m'y exercer, parce que l'art de peindre la parole, approche le plus de l'art divin de peindre la pensée, caractère de l'immortalité de l'homme ; puisqu'en émettant ce qui n'a point de corps, c'est prouver l'existence de l'ame, et nommer l'homme *le verbe*, ou la parole de dieu, enfin son fils unique entre toutes les créatures. Il est honorablement distingué par cette simple appellation, le fils de l'homme. C'est à bon droit que cette créature divine, lorsqu'elle se rend digne de sa distinction, mérite véritablement le nom de l'oint le Seigneur, ou de son Christ, quand sur-tout il annonce le royaume de son père par son propre exemple et par sa prédication, ou en l'établissant plus solidement encore par une éducation populaire qui fait les mœurs d'une nation, et les grave dans la substance même du cœur de tous les hommes.

Cinquièmement, dans la classe de *la morale rendue sensible*, nos élèves passeront, à l'instar de la pandore de Voltaire, de la première vue de la nature au premier sentiment de leur cœur. Ce sera en le leur faisant éprouver par la sympathie à l'aspect des images des traits de la vertu, soit peints, chantés, ou déclamés. J'en ferai même ici déjà des philosophes à sept ans, âge qu'on appelle de raison, en leur faisant composer le livre d'or de la mère de Cleveland pour son fils, des mots de sentiment des inscriptions au bas des images de la vertu , mises sous leurs yeux. Combien de vieillards , élèves de ma Méthode d'éducation de l'homme , croiront renaître à ces premières nouvelles de leur être immatériel , et je les mettrai encore avec les enfans innocens, en société avec dieu par le culte le plus simple, celui du cœur.

Je formerai les élèves , en sixième lieu , aux *exercices* du corps , pour mener de front la culture de celui-ci avec celle de l'ame , puisque ces deux êtres se prêtent un mutuel secours ici-bas. Ce sera par l'imitation des figures mobiles de ces exercices. Combien de personnes d'un âge mûr pourroient profiter de ce cours gymnastique , sinon pour y acquérir une grande habileté, au moins pour leur santé , leur conservation, et l'agrément extérieur de leur personne.

Septièmement nos élèves s'ingéreront, Messieurs , par la vue et l'imitation seulement, à copier vos savans tableaux analytiques des sciences et vos ingénieux modèles des arts , tant de l'orthographe que de la grammaire et des langues , de l'arithmétique , de l'algèbre , de la perspective , de l'architecture , de la sculpture et du génie , enfin de la divine architecture du corps humain.

C'est ici où le suc de ces arts vivifiera nonseulement l'enfant , mais encore l'homme qui s'en nourrira, et qui embellira la femme d'une grâce nouvelle, en en faisant une vraie déité pour l'homme. Il faut, Messieurs, que les élèves goûtent et sentent ainsi préalablement l'agrément et la beauté de ces modèles et de ces tableaux , pour se plaire un jour à en étudier d'eux-mêmes les principes dans vos livres lumineux , qu'ils mépriseroient sans cela : ainsi chacun, sous peine d'être barbare, doit en prendre cet avant-goût.

Je nomme donc à bon droit cette classe celle des *études sensibles*, comme on pourroit nommer barbares et insensibles celles des principes de ces arts, qu'on oblige premièrement les élèves de faire, en mettant la charrue devant les bœufs ; mais la nature montre d'abord ses ouvrages aux humains, et ne permet qu'ensuite à leur raison de les expliquer : l'art doit donc imiter la nature.

La huitième classe des *constructions physiques et mathématiques* procurera à nos élèves la pratique de toutes les expériences les plus frappantes de ces deux objets scientifiques. Ce sera là pour eux le spectacle de deux créations à la fois.

Quels élémens d'instruction pour de tels élèves de la nature, et quel honneur pour les vieux élèves de l'ignorance et des préjugés de pouvoir prétendre encore à cette noble dénomination même ! Quels hommes et quels savans je vois se former par cette méthode universelle et libre, seule propre et digne du génie humain ! Quelle pure et naïve société entre eux un jour, et quel nouveau gouvernement de frères je vois s'établir ! Quel amalgame entre les deux sexes, dont les lumières communes feront un nouveau bonheur ! L'amour deviendra aussi commun entre eux que l'amitié entre tous leurs individus, ainsi que le disoit Platon dans sa république, ou son traité de la justice, qui n'est autre qu'un traité d'éducation.

Dans la neuvième classe, celle de *la littérature*, qui terminera le cours de cette méthode sensible et aisée , avec quel plaisir ne verra-t-on pas entrer nos élèves à pas de géant dans la carrière studieuse du seul meilleur livre élémentaire , relatif à chacun de leurs précédens exercices ? Ils franchiront d'autant plus vîte cette classe , qu'ils connoîtront parfaitement tous les objets dont on ne fait que leur parler ailleurs ; et ils seront par là mieux en état , en en sortant , de se livrer à un talent propre à quelque profession , qu'ils l'auront doublement essayé dans ce cours ; et ils s'y attacheront avec d'autant plus d'ardeur et de goût, qu'ils s'y seront appliqués avec plus de liberté , d'agrément et de facilité ; car c'est par le plaisir que le génie de la nature conduit les mortels au milieu de toutes leurs peines , et de leur travaux. Ouï , dit Lebatteux , c'est le succès qui nourrit le goût , et le succès et le goût font naître le talent.

N'est-ce pas là , Messieurs, suivre ce que Platon nous avoit ordonné encore depuis deux mille ans , en disant : Ne gênez pas l'esprit des enfans dans les leçons que vous leur donnerez ; faites plutôt en sorte qu'ils s'instruisent en jouant.

J'ai eu le bonheur d'avoir pleinement exécuté le premier ce que ce grand homme avoit dit vaguement , en proposant néanmoins la méthode pédagogique , contraire à la mienne , laquelle avoit fait illusion à tous les instituteurs plus savans que moi , ravis d'étaler leur savoir envers leurs élèves ; mais ignorants cette maxime du seul instituteur de nos jours , qui a à parler à des élèves qui n'ont que des yeux et des mains , et envers qui il n'a que ce moyen pour s'en faire entendre ; c'est dans l'Ecole Normale qu'il disoit aux jeunes instituteurs : *Souvenez-vous que vos élèves n'apprendront que ce que vous ne leur apprendrez pas.*

Pour moi, toujours épris des jeux de mon enfance, je n'ai tâché en toute ma vie que de les perfectionner dans ce plan : ils sont l'instinct et la loi de la nature, autant pour notre longue éducation que pour notre bonheur réel. Aussi bien mon dessein le plus cher est de profiter le premier, de leur exécution pour ma tardive instruction, causée par le dégoût que les maîtres et les livres m'ont inspiré jusqu'aujourd'hui, pour en avoir été abreuvé dans ma jeunesse ; c'est pourquoi connoissant ce malheur, j'ai appris à venir au secours de ceux qui l'éprouvent, ou qui y sont exposés.

PREMIÈRE CLASSE.

Les soins de la nourrice.

Les élèves, libres et heureux dès le sein de leur nourrice, seront meilleurs dans le reste de leur vie. Le caractère de celle-ci, celui des personnes qui approchent un enfant, et qui en ont soin, n'est pas indifférent à la formation du sien. S'il n'entend pas encore le sens de leurs paroles, le langage de leur accent, de leurs gestes, de leurs regards, de leur respiration même est intelligible pour lui, et fait sur son ame et ses esprits vitaux une impression ineffaçable. La plus scrupuleuse attention est donc indispensable pour ce premier soin.

Une autre d'une non moindre conséquence

pour la bonne constitution physique et morale du nourrisson, sera de le laisser libre dans son lit, que je n'appellerai point berceau, synonime aujourd'hui avec tombeau, par la manière étroite et gênée dont on l'y tient, même quand on ne l'y garrotte pas ; mais je l'appellerai *qu'on l' laisse en repos*, du nom de la cage de l'Elève de la nature.

Ce lit sera, comme elle, un doux asyle de la liberté et de la sûreté physique et morale pour l'enfant. En forme d'une tour d'un mètre et demi de haut et d'autant de large, il sera entouré d'une toile de canevas, ayant une portière d'un côté. Le fond sera de même pour l'écoulement des eaux, dans un réceptacle de fer-blanc en dessous, percé au milieu pour les vuider. Un matelas venant jusqu'à la ceinture de l'enfant fera le tour intérieur du lit, ainsi que l'oreiller. Le *qu'on l' laisse en repos* sera posé sur un léger train de trois roues en cercles de fer, lequel sera à la hauteur d'un mètre. Ainsi on transportera aisément ce lit, soit auprès de celui de la mère, soit auprès d'elle pendant le jour.

Le vêtement du nourrisson sera constamment une culotte à la matelotte, de basin en été, et de moleton en hiver, avec un corset et des calçons de toile en dessous, lui servant de chemise, et en outre des brayettes. Sa chaussure sera des bas de laine en hiver, soutenus par les deux boutons du bas de la culotte : d'autres bas de fil seront sous ceux-là ; en été il n'en portera que de coton, et même de fil au fort des chaleurs.

L'inaction presqu'absolue de l'enfant dans ce

premier âge, demande ces précautions contre le froid, quoique des instituteurs d'un ordre trop relevé pour nous (*) n'aient pas voulu y avoir égard. Outre cet habillement, on recouvrira l'enfant durant son sommeil seulement, soit la nuit ou le jour, en hiver, d'une couverture de laine, et en été d'une de basin, hors pendant les grandes chaleurs.

La coiffure du nourrisson sera un casque de feutre blanc et souple, avancé sur les yeux, avec une calotte de toile fine en dessous, lui couvrant les oreilles : le tout attaché sous le menton.

Les meubles du nécessaire de l'enfant seront une brosse pour lui brosser le matin les cheveux; un plumasseau pour le laver toutes les fois qu'on le changera, et une éponge pour le relaver après, afin de déterger la saleté qui a pénétré dans les pores : c'est pourquoi on l'essuyera ensuite avec soin. On se servira pour le lavage d'une espèce de plat à barbe en fer-blanc, dont on avance le large rebord sous les reins de l'enfant, placé pour cela au bord de son lit. On lui fera prendre un bain de huit en huit jours avec de l'eau tiède dans une baignoire de sa longueur, faite en forme de bâteau de bois ou de fer-blanc : on l'y frottera avec une éponge depuis la tête jusqu'aux pieds. C'est là le moyen de prévenir les gerçures ou les obstructions des humeurs sous la peau qui causent tant de mésaises et de pleurs à des petits corps qui font peu d'exercices, et ne

____

(*) M. de Fourcroi dans *les enfans élevés dans l'ordre de la nature.*

peuvent pas s'épurer par la sueur si nécessaire à la santé de l'homme.

C'est dans cette vue, qu'outre l'exercice que l'enfant prendra librement de lui-même dans son lit, en s'y roulant, la nourrice le promènera encore commodément dans une barcelonette. Cette promenade sera aussi agréable que salutaire, tant à elle qu'à lui, par la respiration vivifiante du bon air et la vue du spectacle de la nature, qui ne l'est pas moins. Par la clarté de ces principes et la facilité de ces règles, il n'est point de mère qui ne s'en fasse désormais un devoir : ce n'est que leur ignorance et leur moindre difficulté qui les font négliger. Je rends ces soins sacrés mécaniques, afin de les rendre invariables, comme les instituteurs religieux orientaux en rendirent sacrés de pareils à leurs disciples.

Les détails, dans lesquels je suis obligé d'entrer dans cette classe, sont d'autant plus excusables, qu'ils s'adressent directement aux mères, dont il faut réformer les usages. Bientôt l'enfant va marcher, et dès qu'il sera lui, nous aurons moins à faire pour le pousser dans la carrière qu'il doit suivre, son instinct concourant avec les moyens naturels que l'art lui offrira de s'avancer. Cet air de liberté et la marche du génie auront alors, Messieurs, de quoi vous plaire davantage.

Quand l'enfant sera un peu fort, çe qui sera beaucoup plutôt que par l'usage actuel de l'élever, vu l'exercice continuel qu'il se sera donné de lui-même dans son lit, étant éveillé, ou sur les tapis de verdure de la campagne, où sa nourrice l'aura régulièrement mené chaque jour pour s'y développer et respirer un air vital qui a plus de ressort que celui des maisons et des villes, elle essayera par fois alors de le faire tenir debout dans une espèce de ruche renversée, juste à son corps. Quand il sera assez ferme sur ses jambes pour s'y soutenir, elle le mettra dans un cercle à large rebord, glissant entre deux coulisses, qui lui formeront une galerie d'une toise, où il s'exercera tout seul à marcher. Aux deux bouts de ce promenoir seront deux siéges pour qu'il s'y repose quand il voudra : Il pourra avoir ensuite une cage roulante en bois et non en osier, pour plus de solidité, ayant un siége, et un repaire pour ses joujoux, afin qu'il s'y exerce à courir suivant sa vivacité naissante.

Une méthode moins progressive violenteroit ses fibres, lui donneroit une marche débile ou défectueuse, comme celle de la théorie qu'on emploie sur l'esprit des élèves, et qui leur suppose gratuitement les connoissances physiques préparatoires qu'ils n'ont pas. Voilà pourquoi les lisières, malgré toute leur apparence de suppléer aux forces des sujets, sont en toute chose des moyens ineptes de les conduire et indignes de l'homme : or, ce principe doit bannir à jamais la méthode pédagogique et pédantesque des nourrices et des précepteurs.

Après ces essais, dès que le nourrisson pourra aller seul par la chambre, sa mère commencera de l'y faire marcher, en le conduisant par la main, afin de ne le livrer à lui-même que quand elle sera assurée de ses forces ; et alors elle ne doit point le faire sans avoir mis des barrières à tous les endroits dangereux, tels que les cheminées et les portes, où son inexpérience pourroit le faire se hasarder.

Dès que l'enfant peut marcher, il commence à

à être agissant par lui-même, et il importe de seconder son activité, en la dirigeant sans la contraindre. Ainsi sa mère lui donnera un petit fauteuil et une table à sa portée, sur laquelle il s'amusera avec des jouets simples comme ses idées, des rameaux, des petits bâtons, sur-tout de réglisse pour mâcher au temps de la dentition, des noix pour faire courir sur sa table à rebords et sur le plancher.

On lui accordera encore un monceau de sable dans un coin de l'appartement, avec quelques coupeaux de ais légers, afin qu'il y forme de petites chambres, et qu'en jouant avec la terre il s'accoutume de bonne heure à chérir le sein de cette nourrice des hommes, d'où il doit savoir tirer un jour sa subsistance.

Notre élève, s'étant déjà montré un petit homme par ce premier exercice, commencera à user de ses droits de liberté et de propriété, en ayant à sa portée, dans un autre coin de l'appartement, un petit lit de repos, où, durant le jour, après s'être exercé, il ira dormir. Un pavillon de canevas le recouvrira de lui-même, pour le mettre à l'abri des insectes.

Cette circonstance donnera aux mères une idée de la manière dont elles doivent conduire leurs enfans, en leur faisant plutôt observer l'instinct de la nature, que de les faire obéir à leur volonté, et de plus en plus, étant plus capables d'agir d'eux-mêmes, et de sentir les penchans supérieurs qu'inspire cette mère souveraine, que les instrumens de ma méthode favorisent.

Tel sera pour les mères l'avantage d'un plan d'éducation mécaniquement réglé suivant ces loix.

Par ces moyens certains, il leur en assure le succès. C'est pourquoi j'entre ici dans les plus petits détails, puisqu'ils composent essentiellement ma méthode sensible, qui épargne tant de paroles ordinairement infructueuses, de pénibles sollicitudes et d'affreux désespoirs.

L'enfant n'entendra jamais de sa mère que le français, la langue la plus pure, la plus parfaite des modernes, et sans contredit le langage le plus digne de l'éducation, comme il l'est de la raison et du sentiment, qui seul convient dans la bouche d'une mère. Celle-ci, dans ses tendres et naïfs discours, portera même la gloire de son ministère jusqu'à inspirer déjà à son enfant, avec son amour, celui du père commun des enfans et des hommes, et à lui faire balbutier son hommage et ses vœux, par les plus dignes expressions des cœurs innocens et des ames natives et pures. Elles ne doivent avoir pour cela d'autres formules que celles du cœur ; car la naïveté de ces formules inspire seule la foi : les autres rendent la religion matérielle ou inintelligible pour un âge qui a plus de sensation et de sentiment que d'intelligence.

J'ai parlé au commencement de cet article, de la cage de l'Elève de la nature, dite qu'*on l' laisse en repos*, pour laisser notre élève libre, et le faire homme, dès qu'il commence à se mouvoir ; je vais le terminer en indiquant une autre machine de mon invention, pour donner l'habitude de la sobriété à l'enfant, dès qu'il commence à manger seul.

La sobriété n'est pas une petite vertu, puisqu'elle est le nerf des mâles exercices et des sentimens les plus élevés : témoin le héros qui fait notre gloire et assure notre bonheur. Il le méditoit sans doute déjà au début de sa carrière héroïque au camp d'Olioules, où préférant l'étude de sa destinée, dont il recevoit là par avance les couronnes de la main de la nature, il étoit le dernier à se mettre à table et le premier à s'en ôter ; il laissoit des jeunes camarades de son âge et leurs aimables compagnes pour aller régulièrement sous un berceau d'orangers et de lauriers, emblêmes futurs de sa gloire bienfaisante, où il se promenoit seul avec un livre ou un plan à la main. Aussi bien il a surpassé tous les sujets du plus grand éloge qu'on ait fait d'aucun prince, tracés par Ausonne, l'instituteur et l'ami de Gratien, que ce digne empereur faisoit asseoir avec lui sur son trône

Le moyen mécanique que je vais proposer, pour donner aux élèves, de tout âge même, l'habitude de cette vertu, est un surtout de table pivotant, où chacun d'eux, dès l'âge le plus tendre, soit libre de se servir des mets, selon le simple instinct de son appetit, sans jamais recevoir des lois contraires à cet égard, qui, en le réprimant ou l'excitant, l'altèrent toujours, et préjudicient ainsi aux fonctions réglées et harmoniques du corps et de l'ame.

Cette machine, que j'appellerai *libertas*, séra encore très-utile pour délivrer, durant le repas des êtres intelligens, de l'importunité de s'entretenir de la mangeaille, propos aussi éloignés d'eux que ceux de leur parure, toujours assez bien pour eux, comme celle des lys des champs et des oiseaux du ciel dont ils sont les rois.

SECONDE CLASSE.

Ménage d'enfant domestique et champêtre.

C'EST ICI le premier exercice directement instructif de ma Méthode Mécanique, auquel s'adonneront également des élèves de l'un et de l'autre sexe de tout âge, suivant leur goût commun pour l'imitation et leur inclination naturelle pour le premier des arts, l'économie-pratique.

Les plus jeunes des élèves de cette classe auront au moins quatre ans : le cours de ma méthode se terminera dans huit pour ceux-ci, c'est-à-dire, à l'âge de douze ans. Il faudra la moitié moins de temps pour les adultes, quoique je mette également pour eux et pour les enfans deux ans à la dernière classe, la littérature ou la lecture des livres élémentaires.

On ne peut pas acquérir en moins de temps, à l'une ou à l'autre époque de la vie, une éducation aussi universelle, élémentaire et expérimentale, sans cesser encore dans l'un ou l'autre âge, de s'amuser un seul instant : tel sera l'effet et le charme de cette méthode graduée sur les objets de l'entendement humain et sur ses facultés :

Ordinis hæc virtus erit et venus.

HOR. A. P.

Chacun dans cette classe sera fourni, selon sa complexion et son âge, d'instrumens et d'ustensiles de ménage domestique et champêtre, ou rural, pour exécuter chez lui progressivement les plus intéréssantes et agréables opérations du précieux *Recueil pratique d'économie rurale et domestique* de M. de Gacon Dufour , in - 12 de 300 pages , chez F. Buisson , à Paris. De sorte qu'on verra une jolie femme aller choisir dans nos *Magasins d'éducation* , une bêche pour elle et une pour son fils ou sa fille , et tels autres instrumens de ma Méthode (dont j'ajouterai à ces détails le catalogue lorsqu'ils seront construits). Elle fera ce choix avec autant de soin et plus de raison, qu'elle n'en met aujourd'hui à acheter des colifichets pour eux et pour elle.

Voilà déjà un état , celui d'élève des deux premiers des arts les plus utiles, que je donne, par ce seul exercice, à un grand nombre d'hommes et de femmes qui n'en ont point dans le monde, ainsi qu'à toute notre postérité plus heureuse et plus vertueuse, auquel je la voue en sa plus grande partie ; car tel étoit le principal éloge d'un honnête-homme chez les anciens romains, celui de bon ménager , de bon agriculteur : et Lysandre de Lacédémone s'écria, *que de vertu* ! en voyant les jardins de Cyrus ordonnés et dirigés par ce grand prince.

Ainsi Pierre le Grand s'exerça, déjà homme, à tous les arts pour les bien apprendre, et faire tout ce qu'il opéra dans sa vie par leur connoissance intime. Cet homme de génie , que n'ordonna-t-il une pareille méthode d'instruction publique pour tous ces malheureux sujets ! il auroit acquis lui-même plus de gloire, et procuré une prospérité plus grande à son empire que par l'établissement de ses ports, de ses villes et de son académie même : il n'avoit qu'à répandre en Russie des troupes d'artistes étrangers pour instruire ses peuples par la pratique, ainsi que ma Méthode peut le faire encore plus parfaitement et aisément pour chaque individu, avec ses instrumens et ses machines. Maître, peu de discours, dit l'oracle de l'institution humaine ; donnez toutes vos leçons en exemples et soyez sûr de leur effet. Ainsi j'ai proposé au jeune prince africain de Robana de répandre un jour la lumière chez son peuple noir, avec des caisses de mes leçons mécaniques.

TROISIÈME CLASSE.

Métiers.

Sɪ un seul métier est un agréable passe-temps pour un homme qui n'a pas besoin de travailler pour vivre, parce qu'il remplit en cela l'intention du créateur, qui veut qu'il fasse quelque chose d'utile à lui ou à ses semblables, que d'amusemens délectables dans ceux que je réunis ici, pour tout élève, et sur-tout pour un enfant, tous également pressés du besoin de l'éducation ; vive curiosité et noble ambition de pouvoir s'exercer aux divers travaux humains. Outre ces attraits vers un art mécanique, le besoin de s'exercer en fait un plaisir à tout âge, ce qui fait que les enfans et les hommes demandent toujours que pouvons-nous faire, plutôt que pouvons-nous apprendre. Selon mon plan, ce vœu de la nature sera pleinement exaucé, et il conduira à une vraie instruction, puisqu'il la donnera par le moyen des sens, maîtres naturels de l'entendement.

La vacation des métiers par sa tranquillité et son indépendance est la plus convenable à la

(23)

nature humaine et la plus digne d'elle, quoique moins ingénieuse que toute autre, sur-tout que celle de l'agriculture. Trop long-temps, sous un régime vain, l'occupation d'un métier a été mé-prisée des français; les anglais, nos rivaux, en ont su juger autrement, et se sont fait très-estimer par là; car l'homme utilement occupé, sur-tout sans la moindre obligation, ressemble à la divinité. Riche et laborieux Sec, ton brillant mausolée est à la porte de notre ville; mais il est aussi dans mon cœur!

De quelles vapeurs ne guériroient pas des personnes âgées, par cette simple pratique de divers métiers les plus usuels, auxquels, selon mon plan, elles s'occuperoient dans un appartement de leur maison! Cette espèce de boudoir seroit très-propre à les retirer efficacement de la mélancolie, qui tourmente la plupart des oisifs.

Telles seront les récréations attrayantes que cette classe d'institution humaine procurera à nos élèves de tout âge; récréations sans doute préférables à des jeux stériles et très-insipides, tant pour une belle ame que pour une ame native, et qui ne sont que la ressource des vices que l'on a déjà contractés, ou une nécessité pour avoir quelque société avec les gens du monde qui en sont presque tous si gangrenés, qu'ils en tirent même vanité.

Comme la plus grande partie de la nation habite heureusement la campagne, et que mon éducation est nationale, je ferai graver tous les développemens élémentaires des métiers pour les élèves de la présente classe. Au moyen de ces figures et des établis, avec leurs outils propor-tionnés à la taille de chacun, ils surpasseront,

B 4

dès le commencement-même de leur apprentissage, leurs modèles; car en forgeant, ils devien-
dront, comme on dit, forgerons.

QUATRIÈME CLASSE.

Arts graphiques.

C'est actuellement, où l'adresse et le goût
de l'imitation exercés dans les élèves, leur donne
la curiosité pour les objets, qu'ils prendront à
propos les notions préparatoires du dessin, par
tous les moyens qui indiquent les élémens de
cet art, et son agrément, ou son utilité; tels que
ceux de calquer ou de dessiner à la vitre et à
la silhouette, d'appliquer des couleurs sur des
gravures en noir, sur-tout sur celles de leurs
métiers, dont ils connoissent si bien les objets
naturels; car c'est de leur connoissance intime
et de la manière de les rendre sur le papier,
que doit émaner le premier essai de les retracer
de soi-même :

» Dessine en ton cerveau, c'est la première toile ».

Un autre moyen de concevoir la manière de
rendre les figures, sera l'impression de gravures
à jour de toutes les gradations de l'art, que l'on
retracera ensuite avec le crayon. Enfin, le plus
touchant modèle qu'on ait à imiter, sera la nature
dans le tableau peint par elle-même sur le papier
d'une chambre obscure, et ceux réduits sur sa
lunette ou dans des miroirs concaves.

Ce ne sera qu'après tous ces préliminaires qu'on
pourra sans dégoût, et avec succès, manier dignement le crayon, la plume et le pinceau ;

tout cela avec la rapidité du talent acquis et du goût formé.

Ainsi la meilleure et la plus sûre voie d'apprendre, est la plus agréable et la plus courte : elle n'est ni odieuse ni tyrannique ; l'esprit et le cœur en sont également satisfaits. Mais tous ses avantages sont dus à la mécanique la gracieuse servante des arts, en même-temps que leur fille chérie.

Nos élèves apprendront, avec le même plaisir et un aussi prompt succès, à lire et à écrire à la fois, par le moyen des lettres de main que j'ai imaginé de faire graver à jour, sublinéairement et en parallèle de celles d'imprimerie, mises au bas des figures de l'excellente Méthode d'apprendre à lire de Berthaud, dont les fiches seront pour cela en cuivre.

En imprimant avec le pinceau ces lettres de main, conjointement avec les caractères d'imprimerie, ils les inculqueront mieux dans leur cerveau, et en retraçant à la plume celles de main, ils prendront une charmante leçon d'écriture, dont l'agrément et le succès seront égaux avec ceux de l'ingénieuse méthode d'apprendre à lire par figure et par écho ; laquelle enseigne très-parfaitement cet art en un mois, même sans les nouveaux moyens d'émulation que j'y ai ajoutés.

Les élèves connoîtront encore, par l'exercice de l'impression des gravures à jour, les notes pittoresques de la musique, ainsi que les combinaisons simples de l'arithmétique calculatoire dans ses points également [pittoresques.

Ainsi nos élèves, n'étant encore ici que simples barbouilleurs, acquerront l'intime connoissance

du matériel des arts les plus spirituels et les plus
difficiles ; et ils auront lieu d'en être plus contens
que ceux auxquels on veut donner cette connoissance en même-temps que leurs principes
et leur usage. On ne leur en donne que du
dégoût, pour vouloir leur enseigner ces trois choses
à la fois, sans distinguer, d'une manière sensible et naïve, les procédés de l'humaine intelligence.

Ils se feront encore un jeu de connoître, par
le moyen palpable de leurs gravures à jour,
les proportions géométriques du globe de la terre,
aussi bien que celles de la sphère des cieux,
en les imprimant successivement selon leurs di-
visions, et ensuite avec les objets qui en occupent
les espaces.

Ils auront dans cet exercice un exemple frappant
des figures de la géométrie et de leurs rapports,
sans en étudier abstraitement et avec peine les
dimensions. Par là, ils ne feront pas non plus une
étude servile de la géographie, en composant
les cartes, comme veut Rousseau ; ils les feront
d'une manière plus agréable et plus flatteuse,
puisqu'elles naîtront par leurs impressions, comme
par enchantement, sous leur main et leurs
yeux, ainsi que, dans un songe, on imprime
seulement par la vue un livre blanc que l'on
lit.

Cet exercice sera pour eux aussi délicieux qu'un
voyage, et gravera dans leur mémoire aussi
positivement les objets que s'ils les eussent vu
et parcourus sur le terrein, les ayant com-
posés à leur place avec la plus grande facilité,
et y ayant inscrit eux-mêmes leurs noms. J'aurai

soin qu'il y ait autant de vérité qu'il se pourra, quant à la forme et à la situation des villes ou des lieux remarquables, dans leurs gravures à jour.

Ils imprimeront et colorieront ensuite diverses mappemondes, où les différens peuples anciens et modernes, et les productions particulières de l'histoire naturelle seront représentées en chacune, pour leur donner des idées distinctes du magnifique ouvrage de l'univers, de l'économie admirable du genre humain, et de la sagesse infinie de leur auteur. De manière que chacun d'eux chantera avec le psalmiste, en retraçant ces tableaux : *Les cieux que je vois, ô Dieu que j'adore, sont l'ouvrage de vos doigts : c'est vous qui avez formé la lune et les étoiles. Qu'est-ce que l'homme pour vous souvenir de lui, ou le fils de l'homme pour le visiter ? Vous lui avez donné l'empire sur tous les ouvrages de vos mains : vous avez mis toutes choses sous ses pieds, les brebis, les bœufs, les bêtes sauvages même, les oiseaux du ciel et les poissons de la mer, qui nagent dans l'étendue de ses eaux. Seigneur, qui êtes notre souverain maître, que votre nom est admirable dans toute la terre !* Ps. 8.

Les exercices de la pénultième classe du ménage d'enfant seront toujours des récréations pour nos jeunes élèves des classes suivantes, dont les exercices sont plus spirituels : et au contraire ceux-ci seront des récréations pour les élèves d'un âge plus avancé, qui auront déjà une profession manuelle, et qui soupirent pour la plupart après ces études de l'intelligence qui rendent l'homme vraiment homme.

CINQUIÈME CLASSE.

La morale rendue sensible.

Si la meilleure manière d'apprendre est la plus agréable ou la plus libre, et la plus sensible, c'est par le chant que je veux d'abord enseigner la morale et ses faits divins. Tel en étoit l'usage chez les grecs, non-seulement à l'égard des enfans, mais pour l'instruction du peuple, le plaisir étoit le mode de leur éducation publique qu'ils avoient prise de la nature. En adoptant leurs institutions, nous pourrons nous flatter d'atteindre à leur gloire.

Mais cette belle partie de l'instruction publique n'étant pas établie chez nous, malgré les pièces lyriques que nous avons en ce genre, il s'agit de la populariser par un moyen facile : et c'est ce que je prétends faire par des orgues à cylindre, auxquels seront adaptés les airs de ces chants, dont les paroles se dérouleront hors de l'instrument sur l'axe prolongé du cylindre, à mesure qu'il jouera. Ainsi les élèves n'auront qu'à chanter sur ce modèle complet.

Des estampes coloriées, pour faire plus d'impression, représentant tout ce que la vertu a produit d'analogue aux différens âges où pourront être nos élèves dans cette classe, seront offertes successivement à leurs yeux par des intervalles de quelques jours, afin de donner le temps à toute leur admiration de s'exercer, et d'exciter par là tant leur amour que leur curiosité pour la vertu. Une estampe proprement encadrée, et sous verre, sera placée dans le lieu

plus apparent de chaque maison pour y être
comme une chaire perpétuelle et renaissante de
morale à tous ses habitans, et un objet d'émulation entre tous les concitoyens d'un pays.

Les élèves recueilliront dans un joli cahier de
papier réglé, les inscriptions de ces estampes
burinées en belles lettres de main, dont ils
retiendront par cœur les mots de sentiment qui
y seront soulignés, et qu'ils déclameront à
l'envi les uns des autres, comme ils se feront
une gloire, ou plutôt un bonheur et un devoir
de les mettre en pratique dans leur conduite;
car la vertu ne court jamais après la gloire, comme
la gloire court ordinairement après la vertu. Ils
se conformeront par cette copie à un saint
usage recommandé par Moïse au peuple de Dieu,
et qui étoit l'antique loi des sages Incas, que
chacun de leurs sujets eût à copier, avant son
établissement, un livre de la règle des mœurs.

Nos élèves connoissant déjà les notes de musique, ou leurs positions et leurs noms par l'un
des exercices graphiques de la précédente classe,
passeront ici à leur lecture et à leur intonation,
guidés en cela par leurs chants moraux du premier
exercice de cette classe, écrits sur les portées
de ces leçons élémentaires qui auront la plupart
servi aux airs de ces chants. Avec des notions
préliminaires aussi exactes, ils n'auront qu'à subs-
tituer, en chantant le nom des notes, aux syllabes
des paroles écrites sublinéairement.

Ils feront donc ici à l'inverse de la méthode
ordinaire, et feront mieux; car ils animeront
leurs leçons des sentimens de leurs chants, et
ils procéderont du connu à l'inconnu par la
douce et grande loi de l'imitation. Cette mé-

thode de solfége, sensible et aisée, ressemble à celle de lecture de Berthaud par ses moyens. Aussi raccourciroit-elle, comme elle, la route la plus longue et la plus pénible de l'art le plus agréable et le plus influant sur les mœurs quand il est bien dirigé, ainsi que l'avoient senti le sage Lycurgue et le vertueux Tyrtée.

Nos élèves s'étant familiarisés par ce moyen dans la lecture de la musique et dans l'intonation, ils s'exciteront dans leurs propres progrès, et dans de nouveaux talens, en apprenant d'eux-mêmes les gammes de quelques instrumens de musique, au moyen des tableaux figurés qui en existent, et ils s'en accompagneront, soit comme modèles, soit comme consonnans à leurs voix.

Après avoir rendu la morale sensible par tous les moyens qui la représentent aux yeux, à l'imagination et au cœur, il faut faire concourir la nature entière dans sa religion à en graver les sentimens, par les élans les plus rapides et les plus pathétiques, de l'ame qui mettent l'homme et l'enfant en présence de son Créateur.

Tel sera l'effet d'un extrait que j'ai fait des pseaumes, intitulé *le pseaume des pseaumes*, pour servir de catéchisme et de bréviaire continuel à la grande et nouvelle nation ; il s'exprime en ces termes : » Que les cieux annoncent de toutes parts la gloire du Tout - Puissant. Ce ne sera point un langage, ce ne seront point des paroles dont le son frappe à peine les oreilles. *Ps.* 18.

» J'ai sans cesse l'Eternel présent à mes yeux.

Jamais je ne serai ébranlé , parce qu'il est à ma droite. *Ps.* 15.

» Seigneur , que votre main m'enlève à ces mortels du siècle. Ils ont la vie en partage , mais vous remplissez leur sein des trésors cachés de votre colère. Leur fils en seront rassasiés , ils en laisseront encore les restes à leurs derniers neveux (*). *Ps.* 16.

» Mais comment l'homme, dans sa jeunesse , se frayera-t-il une route dans la carrière de l'innocence ? c'est en la dirigeant sur vos paroles. *Ps.* 118.

» Je vous aime tendrement , Eternel, source de ma force. Il est mon Dieu tout-puissant , je lui dois le tribut de mes hommages. *Ps.* 17.

» L'Eternel est dans son temple sacré : l'Eternel est dans les cieux qui lui servent de trône : ses yeux découvrent tout , ses regards pénétrans sondent le cœur des enfans des hommes. Il éprouve le juste ; mais il déteste l'impie et celui qui aime la violence. *Ps.* 10.

» Jettez sur moi un œil favorable. Exaucez-moi, Eternel, Dieu que j'adore : daignez rendre à mes yeux la lumière que je désire, de crainte que je ne m'endorme dans la mort. *Ps.* 12 ».

Ces Petites Heures , et le livre de morale que nos élèves se composeront dans cette classe des inscriptions de leurs estampes , seront les seuls livres que je me permets de leur donner à lire

---

(*) *C'est par la transmission de leur mauvaise éducation.*

avant leur dernière classe destinée à la lecture, parce que, comme dit Madame Delambert : » C'est dans les premières années que se forment dans le cerveau des traces qui ne s'effacent jamais, et que les idées des biens et des maux prennent leur rang dans l'imagination. Il importe donc, ajoute cette femme philosophe, de ne pas déranger leur ordre naturel , et de donner aux premiers biens la place qu'ils doivent avoir. Il faut de bonne heure donner à un enfant une grande idée de Dieu et de la religion , lui en parler d'une manière touchante. Vous ne vous rendrez maître de l'esprit de votre enfant qu'en intéressant son cœur.

L'usage pour nos élèves de mon extrait des Pseaumes, qui sont eux-mêmes l'essence de la religion universelle , laquelle doit être celle de la grande nation , sera pour leur vie entière tel qu'il est indiqué dans son frontispice par ces deux versets du pseaume 54 : *Pour moi je ne cesserai de crier vers Dieu, et le Seigneur me sauvera. Le soir, le matin et à midi je l'invoquerai, et le prierai avec ferveur, et il écoutera ma voix.* A chaque fois ils en liront un seul verset. Une seule parole du ciel bien comprise peut faire la règle de toute une vie : que sera-ce en en méditant habituellement trois chaque jour ? La prière universelle de J. C. , qu'il recommande seule à ses disciples, exprime brièvement à la fois tous les sentimens de la religion. Elle est comme l'hymne des hymnes, et sera pour les élèves l'office du soir et du matin de chaque jour, duquel je nourris encore chacune des trois époques par un des sentimens particuliers de mon recueil.

La prière, disois-je dans mon premier règlement
d'éducation

d'éducation nationale, est l'habitude, le sceau et le prix de notre nature immortelle. Ainsi la piété doit être la vertu des vertus, étant une continuelle contemplation des attributs souverains de Dieu, empreints sur ses innombrables bienfaits pour nous; ils sont en même-temps les motifs de notre perpétuelle adoration envers lui, et des modèles sacrés de notre imitation; car nous sommes les enfans de Dieu, et en cela faits pour lui ressembler et être en quelque sorte ses émules.

Tel est l'exemple auguste de la vie et des mœurs de l'homme, ainsi accablé de gloire et d'honneur. Tel est le type sacré de l'éducation imitative que nous a donné lui-même le maître souverain, dans sa vraie religion, écrite dans les cieux, sur la terre et dans nos cœurs.

» Seigneur, que les peuples soient dans la joie » et l'allégresse, en voyant que vous les jugez » selon l'équité, et qu'ils vous ont pour guide » sur la terre. Que les peuples célèbrent vos » louanges, ô mon Dieu, que tous les peuples » célèbrent vos louanges : que la terre donne » son fruit. *Ps. 66* ».

Le plus beau fruit de la terre, ou de la considération des merveilles du Créateur, est l'art de la perfection de l'homme, ou de son éducation continuelle, dont le plus haut point est la religion, sanctionnement nécessaire de tous nos devoirs, et garant du bonheur infini que nous souhaitons sans cesse, selon notre immortelle destinée, et notre origine divine.

SIXIÈME CLASSE.

Exercices.

LES nobles exercices du corps, s'accordant si bien avec ceux d'une ame bien formée, doivent leur succéder. Ils sont si propres à donner de l'adresse, du courage et de la grâce, qu'ils conviennent également aux deux sexes, sur-tout pour donner au plus foible une certaine hardiesse qui supplée à sa force et embellisse ses grâces, comme celles-ci embellissent la force de l'homme.

Je vais donc fournir des maîtres mécaniques pour la danse, la natation, le saut, la lutte, l'escrime, le maniment des armes, l'équitation, la marche et les évolutions militaires.

Pour ménager les idées que l'on a de l'éducation bornée du beau sexe, auquel néanmoins il doit être permis d'avoir une éducation gymnastique complète, pour lui donner une constitution parfaitement bonne, bien qu'il ne soit point destiné à la plupart des exercices que je viens de nommer, je les ai énumérés dans un ordre inverse de celui dans lequel ils doivent être montrés, suivant celui du développement naturel de leur succession.

Je ferai faire des figures moulées en carton, représentant tous les développemens de chacun de ces exercices. Ceux de chacun d'eux seront rangés en cercle, à la suite les uns des autres, sur un plateau rond pivotant, afin qu'en le faisant tourner, on jouisse de leur série d'un seul point de vue. C'est avec de tels surtouts de table que nos élèves prendront leurs leçons, qu'ils exécueront ensuite entr'eux. Un tour du jeu de la bague pourra suppléer aux chevaux nécessaires à l'équitation.

Le *nasimiente* que S. M. le Roi d'Espagne fait construire chaque année, aux fêtes de la Noël, pour être un spectacle seulement à sa cour de la naissance de l'Enfant Jesus, et qui lui coûte six cent mille francs par an, est bien moins utile que ne le seroit la représentation de mon gymnase, dont les moules, une fois faits, pourroient meubler perpétuellement, et à peu de frais, chaque maison de l'Europe d'une académie complète, et servir ainsi à la naissance d'une infinité de talens utiles dans tous les individus de plusieurs nations ; talens qui firent toute la gloire des jeux olympiques, parce que leurs exercices étoient la source de la belle conformation des grecs, ainsi que de leur courage et de leur valeur.

Jugez, Messieurs, de l'immense revenu que procureroit à la France ce seul article de la fabrique des instrumens et machines de ma méthode. Considérez en même-temps, je vous prie, l'épargne publique et privée dont elle seroit par tous ses instrumens, et ajoutez à cette économie celle du temps pour les élèves, avantage si considérable pour l'État. Joignez-y encore la généralité et l'efficacité de l'instruction qui, en multipliant le nombre des citoyens en état de le servir, décupleroient encore leur valeur, s'il est vrai qu'un seul héros vaille plus que dix mille hommes. Ouï, l'invention de ma méthode est comparable, pour le progrès et le bien de la sociabilité, à celle de la poudre à canon pour la prompte décision des batailles.

SEPTIÈME CLASSE.

Études sensibles.

DE vaillans et agréables athlétes , dont les talens sont les tours de force du corps , nos élèves vont devenir des savans , dont les talens sont les tours de force de l'esprit.

Les Études sensibles de l'orthographe , de la tachygraphie , de l'élocution et des langues , par la copie de modèles en ces sciences , burinés en belles lettres de main , d'après des tableaux analytiques , qui en ont été faits par d'hommes très-habiles , en imprimeront les principes à nos élèves , non-seulement par la vue , mais par le tact.

Les auteurs de ces tableaux se feront un plaisir de nous indiquer ce qu'ils offrent de plus piquant et de plus élémentaire pour en former d'intéressans préludes qui sont notre unique objet actuel. Leurs excellens livres élémentaires compléteront ces notions dans la dernière classe de cette méthode. Ce seroit une ineptie et une barbarie de les donner seulement à lire à présent à nos élèves , comme ont fait généralement les durs anglais pour leurs enfans , en adoptant pour éducation élémentaire , et en rendant nationale , par une chartre royale , la méthode analytique d'instruction des arts et des sciences de notre compatriote M. Gauthier.

Nos élèves suivront un plus vrai système de la conception des objets dans l'entendement humain , par les sens ses seuls premiers maîtres.

Ainsi ils exerceront encore leur plume à copier des nouveaux tableaux de l'arithmétique calculatoire, gravés en belles lettres de main, qu'ils connoissoient déjà, mais mis ici en parallèle avec de pareils en signes abstraits arabes et algébriques.

L'agrément de la belle écriture et la piquante curiosité du rapprochement de ces tableaux, joints aux lumières qui en seront le fruit, rendront les premiers pas, dans la science la plus sèche, aussi faciles et agréables qu'ils sont fastidieux, sans le secours de ces moyens naturels et sensibles; vrai caractère d'une instruction préparatoire, faite pour épargner tant de paroles consumées pour accoutumer l'esprit à des idées abstraites, hors de leur place.

Pour donner même un corps à la science des nombres, on y joindra son application aux problêmes de géométrie, ce qui animera les élémens de celle-ci, et en rendra les premières notions plus sensibles.

Nos élèves se familiariseront encore ici avec la magie de la perspective, par des plans en relief de cette science, qu'ils composeront eux-mêmes avec des pièces mobiles numérotées, lesquelles ils arrangeront sur chaque champ ainsi marqué, afin d'en sentir palpablement les règles et les proportions. Ils apprendront de cette manière, en se jouant, à les dessiner régulièrement, ce que peu de peintres savent, et à ordonner mathématiquement leurs tableaux, ce que la chambre obscure ne leur avoit fait que faire sentir vaguement. Ils s'instruiront par ces plans de perspective en relief, à ombrer à propos leurs desseins pour les mettre à l'heure, en ne les éclairant que d'un point par une lumière mise à côté, en' de-là d'une planche percée à ce point.

Ils apprendront par de pareilles pièces mobiles, les lois de tous les ordres d'architecture et de ses divers genres rustique, civile, navale et militaire.

Nos élèves se formeront encore, par des pièces détachées suivant les sections de la sculpture, des modèles de statues aussi beaux que ceux de Phydias, soit qu'ils veuillent les dessiner ou les imiter en argile, en cire ou en pierre.

Le sentiment de ces beautés, qu'ils combineront en s'amusant, leur en donnera le vrai goût de détail, et les disposera aux talens des plus fameux artistes de la Grèce : et si la seule vue de leurs chef-d'œuvres multiplioit la beauté chez ce peuple par l'imagination des femmes, elle sera désormais bien plus commune et parfaite chez nous, où l'éducation du beau sexe les lui aura rendus palpables, et où je lui fournis encore, dans mon Alcoran, un moyen mécanique de s'impressionner ces modèles au moment convenable, par les douces illusions de la volupté.

Les élèves apprendront enfin, par le même moyen des pièces de rapport, la divine architecture du corps humain, tant dans l'ostéologie que dans la miologie; connoissances si importantes pour la précédente étude de l'art statuaire, ou du dessein, et si utiles à celui de la morale pour la conservation de la santé, de la vie et des mœurs; biens que tant de gens méprisent, parce qu'ils ignorent les qualités essentielles des parties de leur corps, ne vivant que comme des automates, par le mouvement de leurs organes, et non pour leur juste emploi.

HUITIÈME CLASSE.

Constructions physiques et mathématiques.

LES expériences que feront nos élèves des machines et instrumens de physique et de mathématique, leur donneront le spectacle et le sentiment comme d'une nouvelle création, à la fois du génie de l'univers et du génie de l'homme. Ils seront guidés, dans les principales de ses opérations, par quelques écrits très-précis qui existent. La perspicacité et l'adresse qu'ils auront acquises par tous leurs précédens exercices, les aideront dans l'intelligence de ces constructions, et les leur faciliteront.

Des herbiers classés suivant les répartitions usuelles des plantes, ainsi que des recueils de la zoologie économique, graveront, dans le souvenir de nos élèves, les figures et les mœurs d'êtres si intéressans pour l'homme.

Outre la connoissance d'objets si utiles, ils verront leur place, leur éducation, ou leur culture et leur emploi, comme matières premières, dans des plans en relief de fermes expérimentales de plusieurs climats même, afin de se faire une idée générale et grande de l'économie champêtre, le seul des arts aussi varié que la nature ; mais dont toutes les particularités peuvent convenir à l'homme dans le cours de sa vie, puisque toute la terre est son domaine.

NEUVIÈME CLASSE.

Littérature.

DE même qu'il faut neuf mois à l'enfant pour se former dans le sein de sa mère, ce neuvième et dernier période d'instruction élémentaire le fera naître à la société, en terminant son éducation préparatoire par le développement d'un talent particulier, qui le mettra à même d'embrasser une profession, dès l'âge révolu de douze ans.

Ici la lecture du meilleur livre élémentaire en chacun des arts, en lui en faisant faire la double épreuve de la théorie et de la pratique qu'il a déjà acquise, le mettra en état de choisir la profession à laquelle son talent particulier le portera.

A qui peut-il mieux appartenir qu'à vous, Messieurs, d'indiquer ce meilleur livre élémentaire en chaque art et chaque science, ainsi que celui qui, à la sortie du cours de cette méthode, devra en être le complément pour diriger l'élève jusqu'à la perfection. Ce soin est aussi digne de vos lumières étendues et universelles, que de l'inquiétude du bien du grand défenseur, instituteur et père des peuples, selon sa sublime parole, *que ferois-je de ma tête et de mon cœur?*

Avec quelle ouverture d'esprit, quel plaisir et quelle gloire nos élèves de la nature et des arts n'entreront-ils pas dans cette nouvelle carrière studieuse des livres élémentaires, qui ne seront que des jeux pour eux , ou plutôt une fête pour leur ame, que l'on en aura prévenue par les sens , ses instigateurs.

Ils se prépareront par là d'autant plus efficacement à l'état d'homme et de citoyen , que cette briève lecture , quoiqu'universelle , les mettra immédiatement après à même d'y entrer. Ainsi, le but de l'éducation ne sera plus vague et incertain , comme avec toute autre méthode dont le plan seroit plus borné , et qui seroit plus éloignée de la pratique des choses que ne l'est celle-ci.

Tel sera , dans ma méthode , le grand et heureux effet de la mécanique , fille du génie des arts , mais leur mère dans celui de l'éducation , où elle dispense l'esprit de l'étude préalable et sèche de leurs principes , en montrant d'abord aux yeux et au cœur , leur application et leur usage.

Voilà , Messieurs , l'emploi que j'en ai fait dans le plan de cette méthode , dont le spectacle , selon le projet que j'en ai envoyé à Son Excellence Monsieur le Secrétaire-d'État , m'a paru le plus digne d'être exposé à la fête de la paix triomphale , en tête du cirque de l'industrie nationale , puisque, surpassant toutes les industries , et étant peut-être un jour l'occasion d'un nouveau cirque entièrement supérieur, elle assure à la grande nation le plus haut degré de gloire, dans une éducation nationale , la seule capable de l'y maintenir par son efficacité et son invariabilité. Ouï , cette éducation égale la seconde naissance que Promethée donna à l'homme par le feu du génie qu'il déroba au ciel , et qui n'auroit pas dû lui mériter le cruel sort qu'il éprouva ; mais les poëtes chargent les dieux du mal que font si souvent les hommes.

Enfin, l'influence de ma méthode sur l'esprit et l'ame humaine, sera, pour leur formation, telle qu'une nouvelle création du genre humain, en leur donnant une inspiration des arts et des sciences pareille à l'instinct des divers talens et des diverses vertus des animaux, modèles mécaniques pour nous de l'éducation souveraine de la nature envers le genre humain.

Ouï, cet instinct des animaux est l'art divin du créateur, qu'il a voulu que l'homme imitât dans celui de son éducation, et qui aussi bien en est la perfection, puisqu'il développe l'excellence de sa nature par un nouveau moyen de sa perfectibilité, en prévenant, par l'habitude, seconde nature, l'usage de la raison dont il est même le complément, et dont il assure et fortifie l'usage.

Je remarque, dans cette heureuse habitude d'instinct de la raison et de la vertu, le germe de l'activité, l'essence de la vertu et du génie, comme du talent, qualité distinctive, et en apparence machinale des sages, des héros et des artistes. Il paroît en effet que c'est elle qu'Achille, fils des immortels, et élève du centaure Chiron, vouloit rappeller à ses soldats, quand il leur crioit, pour les exciter au combat : *Amis, soyez hommes.*

Mais nous avons devant les yeux un exemple sublime pour l'un et l'autre sexe, à la fois, de cette noble qualité, effet d'une bonne éducation, si rare jusqu'aujourd'hui, dans celui de nos souverains, aussi dignes de servir d'exemples à tous

leurs sujets, que de leur commander ; NAPOLEON
LE GRAND étant le meilleur des hommes, et
JOSEPHINE LA BIEN-AIMÉE la plus excellente
des femmes.

Leurs Majestés Impériales et Royales, d'un
seul acte de cette bonté supérieure, à la simple
exposition de cette méthode, que je vous prie,
Messieurs, de leur faire, peuvent rapprocher tous
les français de leur éminente perfection, en
en ordonnant l'établissement d'un bout de l'empire à l'autre, qui heureusement pour le genre
humain va s'étendre aux deux extrémités de la
terre dont NAPOLEON est déclaré le bienfaicteur.
L'invention de ma méthode devoit sans doute, par
les décrets de la Providence, coïncider avec cette
grande époque, afin que le genre humain passât
tout-à-coup de la barbarie à la plus parfaite
civilisation.

En effet, pour comble de bonheur et de gloire,
ma méthode mécanique d'éducation nationale
et populaire remplit merveilleusement le vœu
de Sa Majesté l'Empereur et Roi d'établir une
Université Impériale de corps enseignant, puisqu'elle rend tel le corps entier de la nation, s'enseignant elle-même dans tous les âges, sans aucun
maître, et par les seuls sens nos premiers instituteurs, au moyen des instrumens et des machines propres à l'instruction. Ces moyens sont
les fruits des sciences et des arts, destinés à en
rendre les sucs propres à la nourriture du peuple
et sur-tout des enfans pour en faire de nouveaux
êtres, tels que les filles de mémoire, les douces
muses qui furent nourries du miel des abeilles
du Mont Hymette.

Une institution si favorable à l'humanité , et d'abord à la grande nation, est, j'ose dire, la plus digne d'être adoptée par le cœur et le génie de NAPOLEON LE GRAND. Elle est la plus digne de sa bienveillance universelle, puisque *les arts et les lettres*, comme dit l'auteur des Etudes de la nature, *donnent des jouissances aux riches et des consolations aux pauvres ; que la nature les enseigne à l'homme, et qu'ils ramènent l'homme à la nature.* Je dirai même sans témérité, que ma méthode peut seule rendre les français dignes de NAPOLEON, et son établissement être digne du génie héros qui fut premièrement couronné par la nature à Ollioules, et en tout lieu désormais par la victoire.

J'espère, Messieurs, qu'en me félicitant un jour d'avoir mis sous vos auspices ma méthode naturelle d'éducation pour la présenter à leurs Majestés Impériales et Royales et à toutes leurs Augustes Familles Royales et Impériales, je m'applaudirai du bon augure que m'en donna le sage que je viens de citer , en me louant d'en avoir dit dans le projet que je lui en commmuniquai : » l'éducation doit être le plus ingénieux des arts, » puisqu'elle les renferme tous ».

C'est d'après ce projet, qu'il dit ensuite lui-même dans ses vœux d'un solitaire : » Les fonctions de l'ame ne sont-elles pas aussi naturelles et aussi agréables que celles du corps ? Si elles attristent nos enfans , c'est la faute de nos méthodes et non celle de la science. Ce n'est pas la faute d'appétit de leur part. Voyez comme ils sont imitateurs de tout ce qu'ils voient faire et de tout ce qu'ils entendent dire. Voulez-vous donc attacher les enfans à vos exercices ? Faites comme la nature pour les siens, attachez-y du plaisir, ils y courront d'eux-mêmes ».

Les tendres et bonnes mères qui souffrent et gémissent aujourd'hui, tant dans les campagnes que dans les villes, de voir leurs enfans de tout âge privés d'une éducation domestique à leur portée, ou d'une instruction publique à la portée de tout le monde, languir et se désespérer souvent par l'horreur de leur ignorance, et par le tourment de leur inaction, ces mères sensibles seront rendues à la joie et à la vie par l'établissement de cette méthode, source de leur bonheur personnel, de leur liberté même individuelle, puisqu'elles seront les seuls agens de cette méthode, source encore de la prospérité de leurs maisons, et de la perpétuelle concorde de leurs enfans (*), qui s'étendra ainsi entre tous les citoyens d'un pays, ou d'une nation, et entre toutes les nations mêmes qui l'auront adoptée.

La vision de la mère de Flaminius qui, par le désir brûlant de son cœur, aperçut son fils continuellement livré aux jeux des enfans de la rue, et dans le moment même, profondément occupé à l'étude dans sa chambre, est une vive image de la joie constante que ma méthode procurera aux mères de la part de leurs enfans, et sur-tout dans la circonstance de leur choix d'un état. Cette image seroit faite pour être gravée en tête des détails de cette méthode,

----

(*) Voyez les motifs du mariage rapportés par Montesquieu dans l'Esprit des lois, et combien l'effet de ma méthode les rendra inutiles.

s'il n'y avoit déjà un tableau qui offre le plus parfait et le plus heureux exemple de l'éducation du génie ; mais elle offre une comparaison frappante des mœurs hasardées et dangereuses, fruit de l'éducation vulgaire, ainsi que de l'abandon de celle domestique actuelle, avec la mienne. Les contrastes de cette image manifestent le vœu intime des mères pour une éducation domestique, inouie jusqu'aujourd'hui, et celui de toute ame sensible pour une pareille méthode, dont l'avantage ne peut aller de pair qu'avec celui de la paix perpétuelle que va procurer à tout le monde l'immortel NAPOLEON.

Aussi bien je veux consacrer la mémoire de ces deux bienfaits par des moules, servant de dessus de cheminée pour tout homme, tout citoyen, et chaque mère, du monument prêt à être élevé devant ma campagne de *Généralif*, d'un obélisque de vingt-deux pieds, surmonté d'un globe, où repose l'aigle victorieux de la France. Sur la corniche du piédestal sont deux cornes d'abondance entrelacées, l'une pleine des fruits et des fleurs de la paix, l'autre épanchant dans une grande conque une nappe d'eau, emblême de l'instruction publique, qui doit découler aussi aisément et aussi libéralement pour chaque citoyen.

Voici l'inscription de ce monument, gravée sur l'assise de l'obélisque, supérieure aux cornes d'abondance : *A la paix triomphale et perpétuelle : A la Méthode mécanique d'éducation, nationale, domestique et populaire.* Cet édifice étant placé à l'entrée d'un berceau de saules pleureurs et de platanes, au-dessus d'un canal de 21 mètres de long sur 12 de large, on en représentera fort agréablement la perspective en sculpture en verre coupé au trait : les rameaux des saules seront en verre vert filé.

Le monument d'Eliza Draper à Ajinga, célébré par l'Histoire philosophique, n'est ni plus touchant ni plus glorieux que celui-ci, déjà consacré une fois dans mon *Généralif*, en 1789, par ces mots : *A la patrie et à la religion rétablies par Necker, et au hameau fraternel des Princes Czartorinski.* Cette inscription est du côté du canal, sur la première assise de l'obélisque. En dessous, sur le piédestal, on lit celle-ci : *Prérogative abolie avec les priviléges des grands, cette année 1789.* » L'exemple des » grands embellit le crime aux yeux du vulgaire ». EURIPIDE, Hypolite Act. 2. sc. 2.

Ce grand objet, Messieurs, de l'établissement universel d'une éducation domestique, impraticable sans ma Méthode mécanique, me fait espérer de votre auguste institution pour la gloire de la philosophie et de la grande nation, ainsi que du zèle de la surveillance générale de M. le Conseiller-d'Etat Fourcroi, pour tout ce qui regarde l'instruction publique et son amélioration; que vous m'obtiendrez avec lui de Sa Majesté l'Empereur et Roi de la faire exécuter sous vos yeux, comme le plus important monument du génie national, la sauvegarde éternelle de la gloire de la France, et le prix de son avancement antérieur dans la civilisation.

L'orgueil patriotique auquel m'a porté l'appel de NAPOLEON LE GRAND au concours des ouvrages et des établissemens civiques, dans la vue de les tous surpasser, et de fournir même un trophée inoui à ces nouveaux cirques olympiques, digne du héros qui les a ordonnés et du but de ses victoires, le bonheur général et individuel, me fit imaginer l'année dernière de mettre ma Méthode mécanique en scène, afin qu'elle occupât la première loge du cirque de l'industrie nationale, comme la première de toutes les industries, et capable même de créer un jour un nouveau cirque par les nouveaux génies qu'elle enfantera.

Le plan de ce spectacle est entre les mains de Son Excellence M. le Secrétaire d'Etat. Ce drame de l'institution humaine, doit faire jouir d'avance la nation assemblée, lors de la fête des triomphes de ses enfans et du père de la patrie, du bonheur d'une bonne éducation, seul fait pour les couronner et les lui rendre à jamais heureux, puisqu'elle seule fait les mœurs qui, formant les sages et les héros, et qu'elles valent mieux que les lois. *Faites en sorte*, disoit Rousseau aux polonais, qu'il vouloit aussi réformer par l'éducation, *qu'il vous soit impossible d'être autre chose que des polonais, et vous le serez pour l'éternité.* Puisse le même vœu que je fais pour ma patrie, s'accomplir à la fois pour cette nation sœur qui vient de célébrer à Varsovie la renaissance de son antique constitution par la fête la plus touchante, à la gloire du père et du restaurateur des nations !

FIN

Des Détails de la Méthode mécanique d'éducation nationale et populaire.

NOTES

Sur le Théorème de l'ouvrage, au verso du titre.

M. de Gerardin, tribun, l'hôte et l'ami immortel de J. J., étant président de l'Assemblée nationale, me fit l'honneur de m'écrire au sujet de la seconde des nombreuses esquisses imprimées de mon plan d'éducation (*) : » Je ferai parvenir, Monsieur, comme vous le désirez, à MM. Falconbridge et Bernardin de Saint-Pierre, les exemplaires de l'ouvrage que vous leur avez adressé. J'ai profité avec empressement du loisir très-court pour lire celui que vous avez bien voulu me donner. Les éloges que Mirabeau et Bernardin de Saint - Pierre ont fait de votre règlement sur l'éducation nationale, m'avoient prévenu en faveur de votre second ouvrage, et sa lecture m'a inspiré d'autant plus d'intérêt, qu'on *y retrouve par-tout l'application des principes de l'immortel* J. J. Aussi je ne doute pas que l'Assemblée nationale ne s'empresse d'applaudir à votre civisme et aux lumières dont votre ouvrage est le fruit. Son comité d'instruction publique l'engagera sans doute à adopter celles de vos vues qui lui paroîtront propres à entrer dans le système d'éducation qu'elle se propose d'établir incessamment ».

L. Stanislas GERARDIN.

(*) *L'ouvrage précieux du vers à soie est le bout des fils mal tissus destinés à lui servir d'atmosphère.*

D

(1) Page 4.

BASILIQUE DOMESTIQUE ET UNIVERSELLE,
dernier instrument de ma Méthode mécanique
d'instruction publique, sans un d'adminis-
tration civile, aussi efficace et gratuit pour l'état,
que ceux de ces deux institutions, et que j'espère
avoir l'honneur de présenter un jour à Sa
Majesté l'Empereur et Roi.

Pour rendre sensibles et toujours présens ces attributs essentiels de l'homme durant toute sa vie même, où se prolonge son éducation, je veux lui en montrer constamment d'emblêmes personnifiés par les images des hommes qui en ont été les héros, en les plaçant dans le lieu le plus familier ou le plus solemnel de nos demeures.

Dieu, la source et l'immortel foyer de tous ces attributs, seroit représenté dans leur plein exercice, comme père et monarque de l'univers, en un tableau placé au milieu du grand côté de la salle d'une maison. Un autel de peu de saillie en dessous auroit un cœur peint au devant, et sur sa tablette seroient deux pots pour les fleurs de la saison, et deux corbeillons pour ses fruits. Mon Pseaume des Pseaumes seroit au milieu de cet Autel, élevé par l'ame à son créateur.

Mais dans la difficulté de représenter un si grand être et de l'oser même, je ne veux rendre chez moi l'image du suprême agent de la nature, que par celle de son grand ouvrage peint dans une glace au-dessus de la table sainte, laquelle répétera une avenue à perte de vue, formée d'arbres de haute futaie, partant du bout de la grande allée de mon jardin, plein des bienfaits du créateur et sous un ciel qui annonce sa puissance infinie.

De chaque côté de l'autel, le long de la salle, et aux autres côtés de celle-ci, seront entremélés avec les statues des héros, des attributs humains, des trophées des instrumens des arts de ma Méthode d'éducation, propres à leur faire ressembler ses élèves.

Leur vue continuelle nourrira sans cesse en eux cette noble ambition et ce goût qui ne permettent d'être ni inhumain ni impie. Ces instrumens seront placés en ces endroits, pour l'usage ordinaire de la vie, but de mon utile plan d'éducation. A défaut de leur réalité, je veux qu'on les représente sur des tapisseries en papier, ainsi que les divines statues des hommes célèbres qui en ont consacré les usages dans les divers attributs auxquels ils sont propres en particulier.

Voici l'ordre des représentations de ces attributs dans ma Basilique domestique et universelle, vrai panthéon des vertus de mes élèves.

A droite de l'autel seroit un piédestal portant la statue de la *piété*, représentée par Jesus-Christ, priant dans le jardin des olives. L'esprit de sa doctrine céleste que j'ai extrait des évangiles, aura une place au cœur du piédestal.

L'amour, premier échelon de l'amour divin dont il est la vive image, sera représenté par la figure d'une Vénus égyptienne. Un éloge que j'ai fait de celle-ci, vrai modèle de l'amour, seroit au cœur du piédestal de cette figure à demi-couchée sur une bergère. Elle feroit le pendant de celle de Jesus s'offrant comme une victime à Dieu pour le salut des hommes.

La *vertu* sera représentée par la statue de Socrate, placée en suite de celle de la Vénus égyptienne : il aimoit justement à être auprès des femmes raisonnables et amoureuses. Il paroîtra ici se promenant dans sa prison, après avoir bu la cigue, et disant à ses amis, pour les consoler, en avançant la main pour les rassurer : *Où est la fermeté*, *la philosophie*, LA VERTU ? Le livre des choses mémorables de Socrate seroit au cœur du piédestal.

La *force* formeroit le pendant de la vertu de l'autre côté de l'autel : la statue d'Hercule, portant le globe de la terre sur ses épaules, en seroit la représentation. Il aura les traits de ma face sensible pour tout le genre humain. L'ouvrage le plus important de la mécanique, qui seule supplée à la force, ces détails de la Méthode mécanique d'éducation, sera au centre du piédestal.

Les *talents*, à côté de la vertu, seront représentés par la figure de Mercure avec ses ailes aux pieds et aux mains, et armé de son caducée. L'histoire de l'industrie sera dans une tablette en dessous.

L'activité, à côté de la force, sera représentée par NAPOLÉON LE GRAND, sous son premier arc de triomphe d'oranger et de laurier. L'histoire des faits et gestes de notre héros, ainsi que de ses dits remarquables, sera au centre du piédestal.

La *santé*, compagne inséparable de l'activité, sera en symétrie avec cet attribut, et représentée par Hippocrate, le philosophe de la médecine. La nouvelle rédaction de ses œuvres sera placée en dessous de son piédestal.

L'esprit sera représenté par la figure de Voltaire, cet homme universel. Au cœur de son piédestal seront les deux volumes in-8.º de la table analytique et raisonnée des matières contenues dans les soixante et douze volumes des œuvres de ce patriarche de la philosophie, par Chantreau. C'est là leur véritable esprit, et un abrégé aussi agréable qu'utile pour ceux qui les ont lues et pour ceux qui ne peuvent les avoir.

Le *génie* sera représenté par le buste de Bacon. Dans son piédestal seront les deux petits volumes de son Analyse. La représentation de ce dernier attribut de l'homme, qui l'approche le plus du créateur, est mis ici à la place la plus reculée, pour marquer son élévation sur tous les autres, quoiqu'il ne soit qu'une production des idées vives, vraies et concises de l'objet que les sens ont présenté. On voit de là combien peu d'hommes peuvent en avoir avec l'éducation pédagogique et pédantesque qu'ils ont reçue, et au contraire, quelle multitude d'individus de l'un et de l'autre sexe en seront doués par ma Méthode sensible d'éducation.

(Page 17) Sur ces mots : *Chérir le sein de cette nourrice des hommes, d'où il doit savoir tirer un jour sa subsistance.*

Si j'eusse eu dans ma jeunesse cet amour émané de la connoissance des biens de la terre, autant que j'avois l'amour de la philosophie, je n'aurois pas laissé donner à cense, par ma procuration, la plus précieuse partie de mon domaine ; mais si je n'avois aujourd'hui l'esprit de la philosophie, je ne me consolerois pas de la perte que m'a causé la suppression des censes, par le plaisir de mettre mes élèves à l'abri de faire de semblables fautes, au moyen du goût de l'économie champêtre que je leur inspire en plusieurs endroits du cours de cette Méthode.

Voilà néanmoins un grand et inépuisable avantage que m'a procuré mon amour de prédilection pour l'étude, lequel me vaudra, j'espère, un jour une compensation de la perte de mes prairies de la Roquette dans une honorable gratification de Sa Majesté l'Empereur, pour l'invention de ma Méthode d'éducation nationale et populaire, et peut-être même encore, ainsi que Virgile l'obtint de César, la restitution du revenu de ma propriété, nécessaire à ma subsistance et à celle de mes cinq enfans, que j'avois si légitimement acquise du fruit des labeurs de mes pères.

Ce qui fonde mon espérance dans cette indemnité, est que je sacrifiai bien authentiquement, en quatre-vingt-neuf, à la régénération de la France, toutes les réserves de mes baux à rente foncière qui sembloient être trop favorables à l'autorité des grands, ainsi que l'atteste l'inscription de l'Obélisque que j'élevai alors, et dont j'ai fait mention à la fin de cet ouvrage ; mais la cession entière de mon revenu ne pouvoit entrer dans un tel vœu, comme elle n'avoit pu entrer dans l'ame juste de NAPOLÉON LE GRAND, lorsqu'il fit celui de rétablir un droit si sacré. Ouï, il sera rétabli par la justice de S. M. I. et R., comme lorsqu'en remettant mes armes au peuple de la commune de Fuveau, et lui disant que je voudrois qu'il n'y eût des bras que pour s'embrasser, la garde nationale vint me réarmer avec tous les honneurs militaires.

APPROBATIONS DE CET OUVRAGE.

LETTRE *du Bibliothécaire de S. M. I. et R. à l'auteur.*

Sa Majesté Impériale et Royale a reçu, Monsieur, l'ouvrage dont vous lui avez fait hommage. J'ai l'honneur de vous saluer.

Le B. de S. M. I. et R.

RIPAULT.

ARRÊTÉ du Corps législatif *sur la Méthode mécanique d'éducation nationale.*

Extrait du Procès-verbal des séances du Corps législatif, du 10 ventose de la République française, une et indivisible : le citoyen d'Hupay fait hommage au Corps législatif d'un ouvrage intitulé : Méthode mécanique d'éducation nationale.

Le Corps législatif agrée cet hommage : arrête qu'il en sera fait mention au Procès-verbal, et ordonne le dépôt de l'ouvrage à sa bibliothèque.

Collationé à l'original par nous Président et Secrétaires du Corps législatif. A Paris, le 1.er floréal an 11 de la République française.

FALCON, ERAULT, FILIGUIERE.

RAPPORT du jury d'Instruction publique, à l'Administration centrale du Département des Bouches-du-Rhône, suivant l'ordre du Ministre de l'Intérieur Benezecht, en faveur de la Méthode mécanique d'éducation nationale.

Nous, membres du jury d'Instruction publique, nous étant assemblés avec le citoyen Mareschal, membre de

l'administration de ce département des Bouches-du-Rhône,
conformément à son arrêté qui nous a été communiqué,
avons examiné le mémoire du citoyen d'Hupay, contenant
les détails de sa Méthode mécanique d'éducation ; et nous
avons reconnu qu'ils offrent une instruction primitive élémentaire des arts et des sciences de l'éducation, non-
seulement propres à l'enfance, mais à tous les âges de
l'un et l'autre sexe : grand caractère d'une éducation
nationale, individuelle, et sur-tout domestique, inouie
jusqu'ici.

Cette Méthode nous paroît, à ces titres, réunir le mérite
d'utilité à celui d'invention, en créant un art nouveau tout
mécanique et ainsi populaire de la science de l'éducation et
de l'instruction, lequel consiste dans l'ordre et la réunion
des divers instrumens et machines qui leur sont propres,
la plupart perfectionnés par l'auteur, dont l'objet est de
rendre l'enseignement le fruit de l'imitation, grande loi
de la nature humaine.

En foi de quoi, nous nous sommes soussignés. A Aix,
le 17 nivose an 5 de la République française.

MARESCHAL, *Administrateur du Département des
Bouches-du-Rhône.*

AUDE, *Membre du Jury.*

GIBELIN, *Membre du Jury.*

LETTRE d'Adrien Lamourette, Evéque de Lyon et Auteur des Délices de la Religion.

Lyon, 2 avril 1793, an 2 de la République
française.

» Je n'ai reçu, sage citoyen, que le 30 mars l'envoi
que vous m'avez fait en date du 6. J'ai reçu avec une
sensible reconnoissance, et j'ai lu avec la plus grande satisfaction les excellentes vues que vous présentez. Vous avez
saisi le point de la vraie philosophie, de celle qui nous
rend bons et heureux. Je souhaite bien ardemment que ceux
qui peuvent contribuer à la propagation et à la pratique de

vos principes , en apprécient la solidité , et qu'ils vous rendent la justice qui est due à un homme vraiment utile au bonheur de ses concitoyens.

Je m'honore du rapport que je trouve entre vos pensées et les miennes. La ressemblance entre les écrivains seroit bien plus commune, si tous s'accordoient à ne jamais séparer la philosophie des bonnes mœurs et de la vertu.

Je ferai chercher chez les libraires le recueil des ariettes décentes, dédié aux jeunes demoiselles, que vous souhaitez avoir, et j'irai aux informations sur l'établissement de l'école d'agriculteurs citoyens de M. de Thelis. Recevez, Monsieur, avec tous mes remercîmens , les assurances de mon vrai et fraternel attachement ».

ADR. LAMOURETTE, *Évêque de Lyon.*

Au Prince John Nambana, *fils du Roi de Robana en Afrique, actuellement à Londres, chez M. Falconbridge, chargé de le faire voyager en Europe.*

(Cette lettre qui n'eut pas de suite, à cause de la déclaration de guerre de l'Angleterre à cette époque, doit être commune aujourd'hui à tous les Princes renouvellés de l'Europe, et à tous ceux amis du bonheur de leurs peuples.)

Prince,

Vous avez pris, en arrivant en Europe, nous disent les papiers publics, une si haute idée de la science et de la piété, la plus importante de toutes, que vous regardez, comme une grande jouissance de pouvoir lire la Bible, que vous appellez le bon livre.

Selon vous aussi, la première fonction parmi les hommes est celle de précepteur, d'instituteur : vous répétez souvent que quand vous régnerez sur le Royaume de Robana, après la mort de votre père, vous voulez être moins le roi que l'instituteur de votre peuple.

Je me flatte d'augmenter en vous ces inclinations dignes du plus grand Prince, soit par mon Plan d'éducation, soit par l'esprit de la Bible qui l'accompagne. Ce dernier ouvrage est vraiment digne du titre que vous avez donné à nos Saintes écritures, étant par leur réduction le manuel du vrai philosophe ou de l'homme religieux : deux qualités inséparables pour notre bonheur, mais trop désunies jusqu'à nos jours par la superstition, fille de l'ignorance et mère de l'incrédulité.

Pour preuve qu'avec des lumières mêmes, l'homme peut s'égarer sans le but suprême de la religion, c'est que le projet de l'Académie Française, depuis dix ans, de faire un livre de morale à portée de tous les âges, et propre à la première lecture, a toujours échoué, parce qu'on n'a pas eu l'idée de le puiser dans le bon livre, unique et vrai trésor de morale que nous ayons.

Pour moi, j'ai voulu, à l'exemple même du premier des auteurs des livres saints, le législateur du peuple de Dieu, prescrire encore la copie de mes Extraits de la Bible, non-seulement aux enfans, mais même aux hommes ; afin de graver dans tous les cœurs les saintes maximes, et rendre par-là non-seulement habile dans la loi de Dieu, mais dans l'art de parler et d'écrire ; suivant ce que pensoit, de la lecture des auteurs sacrés, Jesus, fils de Syrach, l'auteur de l'Ecclésiastique.

Au reste, je ne me suis point borné à vouloir inculquer par ce moyen mécanique la première des sciences dans la tête des hommes ; j'ai tâché par de pareils moyens de rendre sensibles les autres connoissances essentielles à la vie. Tels sont ceux employés dans mon Plan d'Éducation, l'ayant tout fondé en des jeux artistes, à la portée des enfans et de la direction de leurs mères, ou en des lectures élémentaires aussi simples que libres, les plus profitables à l'instruction.

Oui, c'est par les penchans naturels de l'indépendance et à la fois de l'imitation, qui semble son contraire, que la nature veut instruire les

enfans, par leurs jeux, des travaux de l'homme :
c'est à seconder ces deux instincts que je devois
donc principalement m'attacher pour faire naître
en eux le goût des arts et leur en donner une
première idée sensible, sans laquelle tous les
discours ne sont jamais, ou long-temps du moins,
pour eux, qu'un jargon inintelligible et qu'une
dure contrainte.

D'ailleurs, une éducation nationale, pour être
telle, doit être ainsi toute mécanique, afin
d'être indépendante des maîtres, et être en tout
lieu à la portée de toute sorte d'élèves. La seule
lecture doit y achever ce que les jeux d'imitation
des arts, ou des simples exercices de famille,
auront commencé; car, si l'instruction est inhé-
rente à la royauté, selon vous, Grand Prince,
à plus forte raison doit-elle l'être de la paternité;
et son vrai caractère, comme sa marche naturelle,
ne doit être que l'ordre domestique, cadre heureux
que je viens de donner à mon plan.

Qu'il me seroit glorieux, ô digne Prince, que
vous envoyassiez d'ici en Afrique des caisses de
mes jeux artistes pour les faire distribuer dans
tous les lieux de votre Empire, afin d'instruire
vos sujets, jeunes ou vieux, par la même méthode que votre illustre père a cru indispensable
pour vous-même; mais sans les obliger à quitter
leurs demeures, ni avoir besoin d'aucun maître;
tandis qu'ici en France, on n'a su imaginer que
des collèges ou des écoles pour éloigner les enfans
de leurs parens et de leurs frères et de tous les
modèles de leurs devoirs (*).

(*) » Si les pères, dit M. de Saint-Pierre, Étude de
la Nat., tom. 3, envoient leurs enfans, dès qu'ils gran-
dissent, dans des pensions et des collèges, c'est qu'ils
ne les aiment pas ».

Je m'estimerois très-heureux si , secondé par la nation industrieuse , chez laquelle la providence vous a conduit , vous vouliez bien engager la Société des amis des arts de Londres , dite de la Bienfaisance , à s'occuper de la construction de tous mes projets particuliers des jeux artistes : exécution que je regarde en France comme éloignée , avec tous les embarras de notre législation : Ce seroit là travailler en même-temps pour votre royaume , l'Angleterre , la France et tout l'Univers.

Il seroit beau et digne du génie des arts , qu'un jeune Prince , venant d'un pays où ils sont le moins connus , animé par son goût naissant pour eux , contribuât ainsi à les répandre , par une méthode infaillible , chez tous les habitans de la terre.

Honorez-moi , Grand Prince , de votre réponse , afin que je puisse concourir à vos nobles desseins , et satisfaire mes vœux les plus chers que vous venez d'aggrandir par votre glorieux projet.

Mais permettez-moi , en attendant que nous nous occupions des arts qui ne nous élèvent qu'un peu au-dessus de la matière , que je vous supplie , pour la prompte exécution du burin du bon livre , enseignant la science des sciences , qui surpasse et éclipse toutes les autres , de le faire imprimer vous-même à Londres en lettres de main , pour servir de leçons d'écriture et de morale ; dépense au-dessus des moyens d'un particulier et peut-être même aujourd'hui de l'État français.

Vous pourriez aisément faire orner cette édition de nouvelles estampes de la Bible , par Marillier , relatives à mes extraits , pour en rendre les sujets plus expressifs encore ; quoique la concision de

(61)

leur rédaction leur prête une force des plus tou-
chantes, et qu'avec moins de paroles que le texte,
ils parlent tellement au cœur, que quelquefois on
ne peut en achever la lecture. Ces extraits auroient
pu déjà être le Catéchisme et le Bréviaire des
peuples, si un Imprimeur célèbre, auquel je les
avois adressé, ne me les eût retenu, dans la crainte
que leur publication ne nuisît à la superbe et
immense édition de la Bible qu'il avoit entre-
prise.

La première estampe de mes extraits feroit
une allusion sensible, avec la protection visible de
Dieu sur vous, si l'on vous y représentoit, dans
l'âge intéressant où vous êtes, à la place du
jeune Ismaël, conduit vers Londres, aux sources
de l'instruction, par l'ange tutélaire que le Seigneur vous a envoyé : Voilà comme je désire
ramener la religion aux sentimens humains qu'elle
doit diriger.

Mais, pour ajouter un nouvel intérêt à cet
ouvrage et lui donner un noveau moyen de s'inculquer dans l'esprit des hommes, aussi bien qu'il
l'est dans votre cœur, vous pourriez le faire imprimer, interlinéairement, en trois langues, la
vôtre, l'anglaise et la française : il seroit ainsi
utile à trois nations en général et en particulier,
et serviroit aux principaux buts de la politique
et de la religion, qui sont de rapprocher et d'unir
les hommes. Mon cœur pressentoit cette heureuse
rencontre quand je disois, dans ce dessein, au
Prospectus de ma doctrine de la Bible : La
grande cherté de cet ouvrage, étant ainsi buriné
à laquelle je désirois ajouter encore par des
figures, m'en a fait laisser l'exécution, pour
servir à l'Éducation de quelque Prince, et en

même-temps à celle de sa nation ; si l'on vouloit suivre pour lui le bel exemple des com-
pagnons de vertu qu'on donna à Cyrus enfant,
dans ses jeunes sujets.

*Honneur et gloire à l'homme humain et sage
qui a mérité la confiance d'un père et d'un roi,
pour lui commettre l'instruction de son fils ; gloire
et félicité à un père si heureux d'avoir trouvé un
tel ami et d'avoir un fils qui réponde si parfaitement à de sentimens si tendres et si généreux.
Que la bénédiction du ciel accompagne ainsi toujours leurs soins dans la prospérité d'un objet
si précieux. Tels sont les vœux que forme pour
vous celui qui a l'honneur de se dire,*

Très-Sage Prince,

*Votre très-humble et très-
obéissant Serviteur,*

D'HUPAY.

A ma Campagne de Généralif.

A Fuveau, Département des Bouches-
du-Rhône, 15 mai 1792.

Testament d'Eudamidas.

JE voue à la puissance de NAPOLEON LE GRAND, l'activité dont j'aurois eu besoin pour exécuter cette Méthode d'éducation, et que Dieu m'a ôtée avec les forces, par un accident de légère paralysie, au moment qu'on finissoit d'imprimer cet ouvrage. C'est peut-être parce qu'elle surpassoit les forces d'un seul homme, et qu'elle ne m'auroit pas laissé le temps nécessaire, à un homme de mon âge, pour travailler à la grande affaire de mon salut, et mettre en ordre mes autres plans pour le bien de mes semblables.

Je voue au goût qu'a pour les fleurs LA PRINCESSE BORGHÉSE, que nous avons le bonheur de posséder dans notre ville, le soin du couronnement par la nature, de NAPOLEON au camp d'Ollioule.

Je voue au goût des talens qu'a M. de Forbin, le Chambellan de cette Auguste Princesse, d'ordonner le précédent tableau, et comme mon compatriote, de vouloir bien présenter mon ouvrage à M. de Fourcroi et à l'Institut national, comme je le ferois si je pouvois.

Puisse ALEXANDRE PREMIER, qui est devenu l'ami de NAPOLEON LE GRAND, en adoptant ma Méthode mécanique, nous faire des amis et des frères de tous ses sujets jusqu'au bout de l'univers, et sur-tout dans la Sibérie et dans le Kamtzchatka, où il ne peut point y avoir de Colléges.